「言葉による見方・考え方」とは何か

小林康宏
Kobayashi Yasuhiro

明治図書

はじめに

国語の授業を行う大きな目的は、子どもたちに資質・能力をつけることでしょう。資質・能力の具体は、各領域の指導事項です。そして、指導事項に記載された「気持ちの変化を想像」している状態は、例えば「変化する反復表現」に着目し、「比較する」といったように、「気持ちの変化を想像する」ための視点と考え方を働かせることにより実現できるものです。問題解決のための視点と考え方は現行の学習指導要領では「見方・考え方」と呼ばれ、国語科でのそれは「言葉による見方・考え方」となります。

しかしながら、管見の限りでは、「言葉による見方・考え方」を育み、働かせることを意識した授業づくりはあまり浸透していないのではないかと感じられます。矢継ぎ早にキーワードが登場し、様々な課題への対応が迫られる中、問題解決能力育成に課題の大きい国語の授業づくりを大きく前に進めるであろう「言葉による見方・考え方」を大切にした授業づくりが霞んでいる現状は、危惧すべき状況です。

そこで本書では、まず、「言葉による見方・考え方」の具体を小中高の学習指導要領および解説、また、国語科教育の研究・実践から取り出し、発達段階・各領域で働かせる「見方」「考え方」を整理しました（第1章）。しかし、見方・考え方が書かれていても、具体的な授業場面が見えてこないとイメージはわきにくいものです。そこで、第2章では、小学校から高等学校まで、学年と領域に応じた教材、学習課題、見方・考え方、反応例を示しました。ただ、授業の場面だけだと授業全体のイメージはわきません。第3章では、見方・考え方を育み、働かせるための1時間の授業デザインを提案しています。中でも、授業の「見通し」は、見方・考え方を育み、働かせていくための最重要ポイントです。「見通し」について、様々な見地から整理すると共に、見通しのもたせ方について複数の提案をしました。また、見方・考え方は、文で示すより、図式化することで、子どもはイメージしやすくなります。最後に見方・考え方を思考ツールに載せた単元プランを提案しました。

本書が国語の授業で資質・能力の育成を願う先生方の一助になれば幸いです。

2024年5月

小林康宏

もくじ

③国語科の学習で働かせる「見方・考え方」の整理

第2章 「言葉による見方・考え方」の系統と具体

第3章 「言葉による見方・考え方」を育み、働かせる授業づくり

第1章　「言葉による見方・考え方」とは

①「言葉による見方・考え方」が国語授業の危機を救う

国語の「授業」が抱える課題

『ごんぎつね』（小学4年）のクライマックスを扱う授業。

自らが撃ってしまったごんに向かい、兵十は「ごん、おまえだったのか。いつも、くりをくれたのは」と語りかけます。

ごんは「ぐったりと目をつぶったまま」うなずきます。

教師は、このときごんはどのような気持ちだったのかを問います。

学習者の読みが深まるよう発問を重ねます。

授業の終末では「ごんは兵十とやっと気持ちが通じてうれしかったけれど、でも、もう二度と兵十にくりや松たけを届けてあげることができないので、悲しかった」という解釈に到達したとします。

ごんのうれしさ、切なさが教室の中に広がります。

教師は、学習者と共に教材文の深い解釈ができたことに満足感を覚えます。

ここで、落ち着いて考えてみます。

確かにごんの気持ちを想像させることはできたのですが、この授業で学習者は**「どんな『読み方』を使ったら解釈することができたか」**を自覚しているでしょうか。

話し合いをして、読みを深めていくことも大切です。「ごんは、兵十とやっと気持ちが通じてうれしかったんだよ」という意見や「でも、ごんは、もう兵十にくりも松たけも届けられないし、遊ぶこともできないんだよ。だから、ごんはとっても悲しいと思っていると思うよ」といった意見などを出し合い、たくさんの意見交換をして、「ごんはとてもうれしかったけれど、とても悲しかった」といった解釈を見つける場合もあります。

活発な話し合いはすばらしいことです。

しかし、**この授業で学習者たちに「読み方」は身についたのでしょうか。**

さらに、授業の中で教師は「Ａさんの言った今の考え、いいですね！」といった形で、質の高い考えを取り上げ、価値づけます。

聞いている学習者たちはうなずいています。教師は「いい考え方が広がったな」と思います。

しかし、質の高い考えを述べたAさんは、今後もその考えを使うことができるでしょうが、うなずいて話を聞いていた他の学習者がその考えを使えるという保証はありません。

以上のことを例として、国語の授業でありがちなことをまとめると、**「この授業では読み取りたいことはつかめたけれど、この単元ではしっかりとした文章を書かせることができたけれど、次に同様の課題と出合ったときに解決する力がついていない」**ということが言えます。

読み取りを深く行うこと、話し合いを活発に行うこと、すばらしい考えに価値づけをすることを否定するわけではありません。

阿部昇氏（２０１９）は「子どもたちに物語・小説を読む力を育てるための指導過程・指導方法の解明は、これまで不十分なまま長く放置されてきた」と指摘しています。

また、奈須正裕氏（２０１７）は「学びが概念的理解にまで到達していないという点でなかなかに深刻なのは、国語科でしょう。（中略）第１の問題は、言語活動経験の累積が内容の実現をもたらすとの楽観的な期待に依拠した授業の多さです」と述べています。

両者の述べていることを先ほどあげた授業の姿と考えあわせると、国語の授業は、例えば、ぐったりと目をつぶったたまうなずくごんの気持ちを想像するといった学習課題の解決結果、および話し合いなどの言語活動の活性化に教師と学習者の意識は向くのですが、どこに着目して、**どのように考えたら解決できるのかといった追究方法獲得への関心が薄い**ということが言えます。

こうして、学習者に自力解決の力が育たないという状態がずっと続いています。

つまり、国語の授業の抱えている課題とは、「どのような力をどうやってつけるか」について無自覚な教師が、当該教材の内容を理解させることに偏り、教材を学習することを通して、次に同様の教材と出合ったときに課題を解決していったり、実の場に活用していったりする力を学習者に与えていないことと言えます。

教材の中に閉じこもってしまっている教師の指導観は、この授業で「何ができるようになるか」という発想に立つことで、大きく転換することが期待されます。

現行学習指導要領の考え方の可能性

学習者に自力解決の力をつけるための重要な道標となるのが、現行（2017、2018年度版）学習指導要領です。比較のために、まず、2008、2009年度版学習指導要領の目標をあげます。

【小学校】

国語を適切に表現し正確に理解する能力を育成し、伝え合う力を高めるとともに、思考力や想像力及び言語感覚を養い、国語に対する関心を深め国語を尊重する態度を育てる。

【中学校】

国語を適切に表現し正確に理解する能力を育成し、伝え合う力を高めるとともに、思考力や想像力を養い言語感覚を豊かにし、国語に対する認識を深め国語を尊重する態度を育てる。

【高等学校】

国語を適切に表現し的確に理解する能力を育成し、伝え合う力を高めるとともに、思考力や想像力を伸ばし、心情を豊かにし、言語感覚を磨き、言語文化に対する関心を深め、国語を尊重してその向上を図る態度を育てる。

どの校種でも、「国語を適切に表現し理解する能力」「伝え合う力」「言語感覚」「国語を尊重する態度」といった育てたい力が並べられています。

これに対して、現行学習指導要領の目標は次のようになっています。

【小学校】

言葉による見方・考え方を働かせ、言語活動を通して、国語で正確に理解し適切に表現する資質・能力を次のとおり育成することを目指す。

(1)日常生活に必要な国語について、その特質を理解し適切に使うことができるようにする。

(2)日常生活における人との関わりの中で伝え合う力を高め、思考力や想像力を養う。

(3)言葉がもつよさを認識するとともに、言語感覚を養い、国語の大切さを自覚し、国語を尊重してその能力の向上を図る態度を養う。

一文目に、国語科では正確に理解し適切に表現する資質・能力を育成することが述べられ、「知識及び技能」「思考力、判断力、表現力等」「学びに向かう力、人間性等」の「三つの柱」に分かれて目標が示されています。この構成は中学校、高等学校にも共通しているので、以下では、はじめの一文のみを引用します。

【中学校】

言葉による見方・考え方を働かせ、言語活動を通して、国語で正確に理解し適切に表現する資質・能力を次のとおり育成することを目指す。

【高等学校】

言葉による見方・考え方を働かせ、言語活動を通して、国語で的確に理解し効果的に表現する資質・能力を次のとおり育成することを目指す。

現行学習指導要領の国語科の目標のはじめの一文を見ると、どのようなことを通して、国語科の資質・能力を育てていくのかが、はっきりとわかります。
図にすると左のようになります。

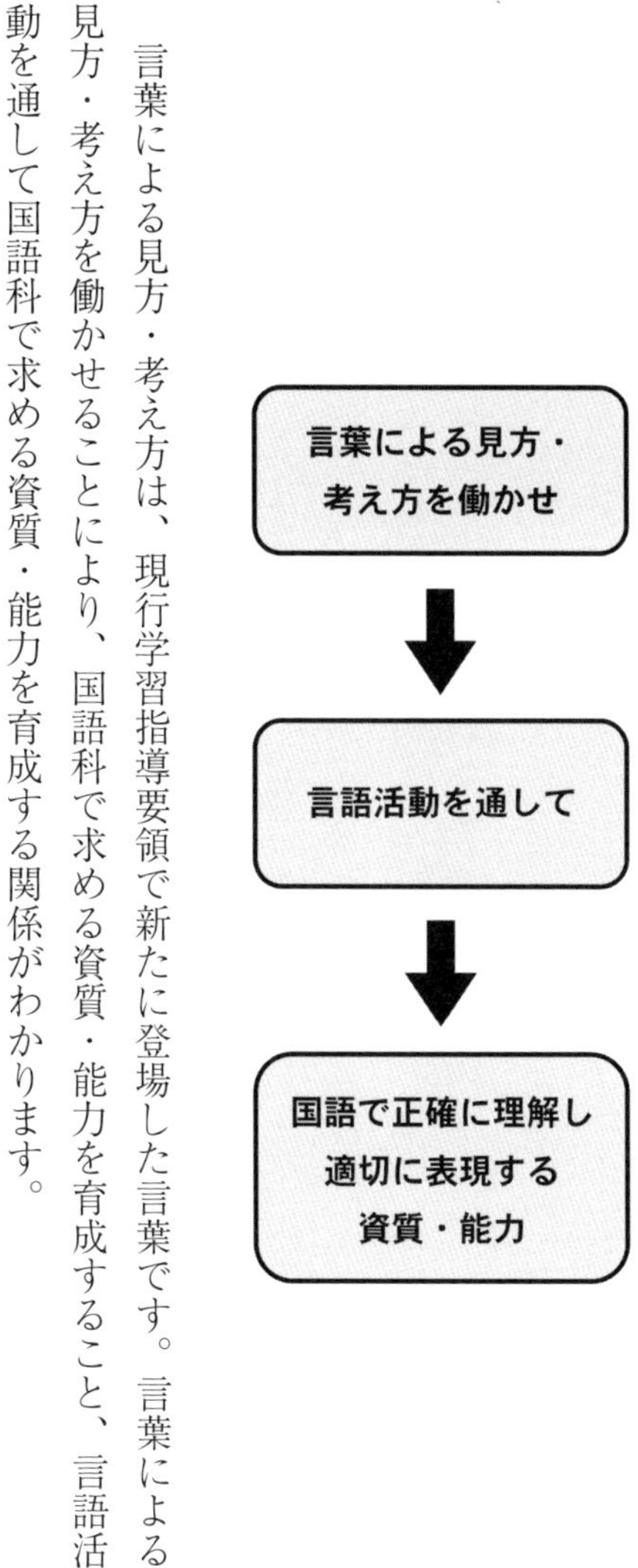

言葉による見方・考え方は、現行学習指導要領で新たに登場した言葉です。言葉による見方・考え方を働かせることにより、国語科で求める資質・能力を育成すること、言語活動を通して国語科で求める資質・能力を育成する関係がわかります。
このように整理されたことで、今次の学習指導要領では、何を手段（言語活動）として何を目指す（国語で正確に理解し適切に表現する資質・能力）のかがよくわかります。

「資質・能力」とは

現行学習指導要領では、「資質・能力」を育成することが謳われています。

では、ここでいう資質・能力とは、いったいどのような意味なのでしょうか。

資質、能力の意味は、大まかに言えば、資質は先天的に備わった、物事を成し遂げる力、能力は、先天的か後天的という時期を問わず物事を成し遂げる力といったことになります。

ここで注意したいことは、辞書等で説明されている一般的な意味とは別に、学習指導要領ではどのように定義づけられているかを確認することです。

当然のことですが、自分なりに言葉の意味を規定して教師同士が話し合うことは、あまり生産的ではありません。

「本時は学習者に資質・能力を育むものであったか」という協議題に対して、ある人は資質・能力を学習者の生まれもった才能と考えて発言し、別の人は本時学習者が身につけるべき力であると考えて発言している場合、両者が理想とする授業の展開は大きく異なります。結果として、話し合いが深まることはありません。

従って、資質・能力などの新しい言葉が登場した場合、その言葉を発信した元は、どのような意味づけをして使っているのかを確認することが必要になります。

資質・能力は、今次の学習指導要領改訂の方向性を示した２０１６年の中央教育審議会答申（以下答申）で、次のように端的に示されています。

①「何ができるようになるか」（育成を目指す資質・能力）

学習者が「できるようになる」授業が求められているわけです。

では、なぜ「できるようになる」授業が求められているのでしょうか。

答申では、学校教育の改善の方向性として、「学ぶことと自分の人生や社会とのつながりを実感しながら、自らの能力を引き出し、学習したことを活用して、生活や社会の中で出会う課題の解決に主体的に生かしていけるように学校教育を改善すべき」としています。

ここで注目したいのは「自らの能力を引き出し、学習したことを活用して、生活や社会の中で出会う課題の解決に主体的に生かしていける」という箇所です。変化の激しい社会の中、実生活等の中で直面する課題を解決する力をつけることを求めていることがわかります。

この改善の方向性は、答申によれば「指導の目的が『何を知っているか』にとどまりがちであり、知っていることを活用して『何ができるようになるか』にまで発展していない」という授業の課題に基づくとされています。**学んだことを「知っている」だけにとどまっているのでは、当然、課題に直面したときに、それを解決「できる」ようにはなっていきません。**

この指摘は、本章冒頭の国語の授業で見られる姿として述べた、教材文の解釈そのものは深まっても、教材文の解釈方法が身につかないという指摘と同様の問題意識に基づくものといって差し支えないでしょう。

答申ではさらに、「教育課程において、各教科等において何を教えるかという内容は重要ではあるが、前述のとおり、これまで以上に、その内容を学ぶことを通じて『何ができるようになるか』を意識した指導が求められている」と述べています。

このことも、冒頭の国語の授業で見られる姿になぞらえれば、教材文の解釈の内容を充実させるといった具体を通して、指導事項に記載されていることが達成できることは当然大切ではあるものの、同時に、教材文の解釈を行うことを通して、学習者が自分の力で教材文を読めるようになる力を獲得することができるような授業が求められていることを示していると言えます。

また、国語科の授業の中でできるようになったことは、教科内にとどまらず、他教科の学習にも活用することができます。例えば、説明的文章を読み取ろうとするときに、説明されている対象となる内容に着目し、因果思考を働かせ、内容を把握するといった見方・考え方を学んだ学習者は、他教科での調べ学習の際にも、その見方・考え方を働かせることができるでしょう。

阿部昇氏（２０１９）は国語の授業に参加する学習者の意識として「『国語の授業でどういう力がついたのかわからない』『国語の授業を受けても何も変わらない』という感想をもつ子どもが少なくない」と述べています。

このような実態に対し、現行学習指導要領の考え方を基に、**学習者が「できるようになる」ことを意識して授業を構想し、展開していくことにより、力がついたことを学習者自身が実感できる国語の授業が実現できる**という展望が開けてきます。

「深い学び」とは

学習指導要領改訂の基本方針には「児童生徒に目指す資質・能力を育むために『主体的な学び』、『対話的な学び』、『深い学び』の視点で、授業改善を進める」と書かれています。先にあげた資質・能力を育む授業づくりが「主体的・対話的で深い学び」という視点で捉えられています。

「学習指導要領解説　総則編」(「第3節　教育課程の実施と学習評価」の「主体的・対話的で深い学びの実現に向けた授業改善」)に、それぞれ以下のように説明されています。

「主体的な学び」

学ぶことに興味や関心を持ち、自己のキャリア形成の方向性と関連付けながら、見通しをもって粘り強く取り組み、自己の学習活動を振り返って次につなげる「主体的な学び」が実現できているかという視点。

「対話的な学び」
子供同士の協働、教職員や地域の人との対話、先哲の考え方を手掛かりに考えること等を通じ、自己の考えを広げ深める「対話的な学び」が実現できているかという視点。

「深い学び」
習得・活用・探究という学びの過程の中で、各教科等の特質に応じた「見方・考え方」を働かせながら、知識を相互に関連付けてより深く理解したり、情報を精査して考えを形成したり、問題を見いだして解決策を考えたり、思いや考えを基に創造したりすることに向かう「深い学び」が実現できているかという視点

いずれも大切な視点です。

先ほど取り上げた答申には「質の高い深い学びを目指す中で、教員には、指導方法を工夫して必要な知識・技能を教授しながら、それに加えて、子供たちの思考を深めるために発言を促したり、気付いていない視点を提示したりする」と書かれています。

自力解決の力を学習者に身につけさせることに課題のある国語科の授業改善のためには学習者の思考を深め、どのような思考を用いて課題を解決したのかを自覚させていくこと

が必要です。そこで本書では、学習者に自力解決の力をつける授業改善のための核となる視点を「深い学び」と位置づけます。

以下、深い学びに着目して、もう少し話を進めていきます。先ほどの深い学びの説明では「…たり」がいくつも使われていました。そのため、文意がわかりにくいので、わかりやすくなるように図に整理してみます。

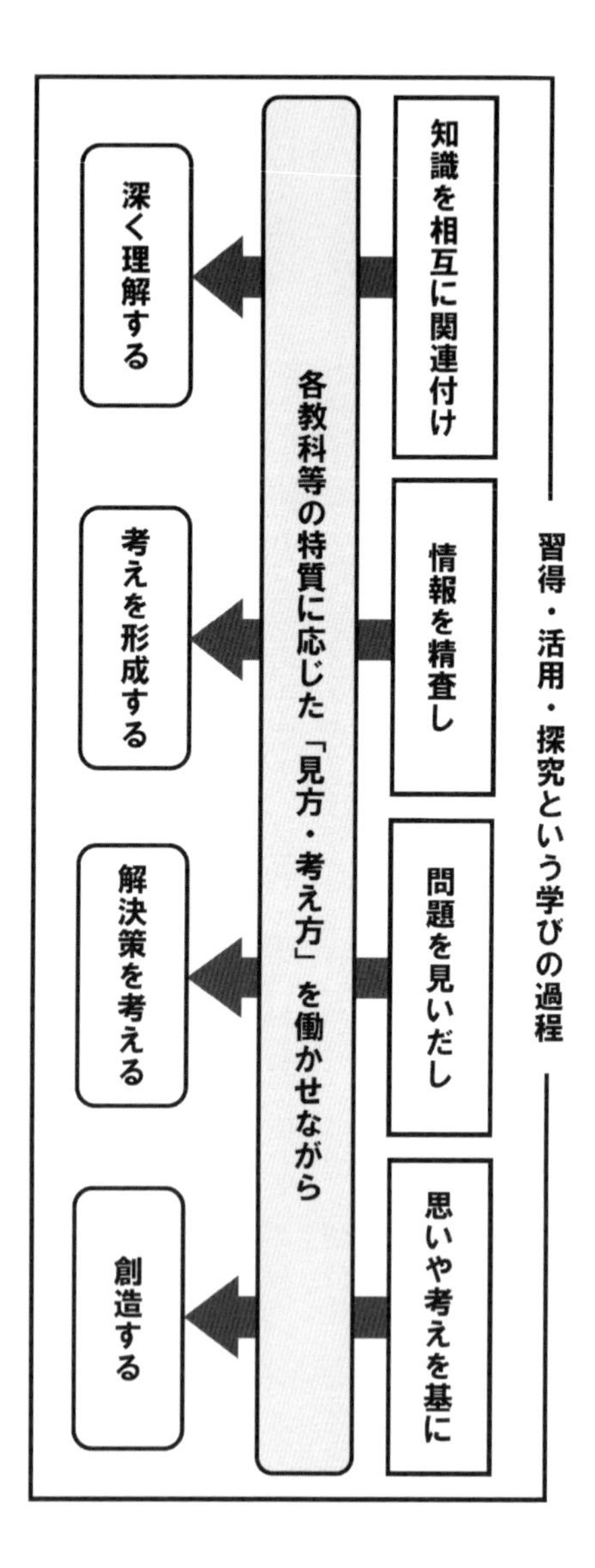

このように図にすると、**「理解する」「情報を精査し、考えを形成する」「解決策を考える」「創造する」といった幅広い学習活動すべてにわたり、「見方・考え方」を働かせるという言葉が関わっている**ことがわかります。ここから、深い学びを実現していくためには、「見方・考え方」が必須のものであることがよくわかります。

深い学びに関して、もう1つ大切なポイントがあります。深い学びは「習得・活用・探究という学びの過程の中で、（中略）創造したりすることに向かう『深い学び』」と説明されていました。注目するのは**「向かう」**です。

澤井陽介氏（2017）は、深い学びに関して「『深い』は必ずしも深度を表すものではありません。どこからが深くて、どこまでが浅いのではないということです」と述べています。つまり、**「深い学び」は到達点ではない**ということです。よく国語の研究授業の後の協議会で出される「今日の子どもたちは、とても深い読みをしていましたね」といったときに使われる「深い」は深度を表しますが、深い学びは、見方・考え方を働かせた課題解決のプロセスを表すものだと解釈することができます。本時働かせた見方・考え方に自覚的になることで、本時は深い学びを経ても結果的に浅い読みになった学習者が、次の機会では深い学びを経て、深い読みに到達できる可能性が生まれます。

「見方・考え方」とは

深い学びの核となるものが、見方・考え方でした。

答申には「学びの『深まり』の鍵となるものとして、全ての教科等で整理されているのが（中略）各教科等の特質に応じた『見方・考え方』である。今後の授業改善等においては、この『見方・考え方』が極めて重要になってくる」と記載されています。

また、学習指導要領改訂の基本方針には「各教科等を学ぶ本質的な意義の中核をなすものであり、教科等の学習と社会をつなぐものであることから、児童生徒が学習や人生において『見方・考え方』を自在に働かせることができるようにすることにこそ、教師の専門性が発揮されることが求められる」と記載されています。

学習者が当該の授業で学習を深めていく際に、見方・考え方を働かせていくことが肝心であると共に、その後の「人生」において見方・考え方を「自在に」働かせていくことまでを、教師は求められていることがわかります。

では、見方・考え方とはいったい何でしょうか。

学習指導要領改訂の基本方針には、次のように示されています。


各教科等の「見方・考え方」は、「どのような視点で物事を捉え、どのような考え方で思考していくのか」というその教科等ならではの物事を捉える視点や考え方である。


ここから、見方・考え方とは、**物事をどのような立場から見るか、あるいは物事のどのようなところに目をつけるかという視点と、考え方がセットになったもの**と言えます。

そして、その視点や考え方は当該の教科等に特徴的なものであることがわかります。だからこそ、教師の「専門性」が求められるわけです。

ところで、日本も加盟しているＯＥＣＤ（経済協力開発機構）では、２０１５年からEducation 2030プロジェクトを進めています。ここでは、学習者にエージェンシー（変化を起こすために、自分で目標を設定し、振り返り、責任をもって行動する能力（白井、２０２０））を育成することを目指しています。そのための学習の枠組みとして、The OECD Learning Framework 2030を設定しています。

エージェンシーの基礎となるコンピテンシーは「知識（Knowledge）」「スキル（Skills）」「態度及び価値観（Attitudes and Values」の3つで構成されます（The future of education and skills Education 2030、2018）。

それぞれはさらに細かな構成要素から成り立っていますが、ここで注目するのは、「知識」に含まれる**「エピステミックな知識」**と、「スキル」に含まれる**「認知的・メタ認知的スキル」**です。

「エピステミックな知識」とは、白井俊氏（2020）によれば「各学問分野の専門的知見を有する実践家が、どのように仕事をしたり、思考したりするのかということについての理解」と説明されています。

また白井氏は、見方・考え方の英訳が「Discipline-based epistemological approac　各教科の学問原理〔ディシプリン〕に基づいたエピステミックなアプローチ」であることから、「『エピステミックな知識』は、ラーニング・コンパス〔筆者注　学びの羅針盤。Learning Framework より大きな学習の枠組み〕においては『知識』の一類型とされているが、『見方・考え方』と内容的にほぼ重なると言ってよいだろう」と述べています。

このように、見方・考え方は、国際社会全体として必要なことだとされていることがわかります。

次に、注目したい2つ目の「認知的・メタ認知的スキル」についてです。「認知的スキル」は「批判的思考力や問題解決能力、創造的思考力など」、「メタ認知的スキル」は「自らの知識やスキル、態度及び価値観を、どれだけ身に付けているか、あるいは、それらをどのように活用しているか、といった状況を認識する能力」（白井、２０２０）を指します。

また、「教育とスキルの未来」では、「獲得した知識は、未知な状況や変転する状況において適用されなければならない。そのためには、認知スキルやメタ認知スキル（中略）を含めた幅広いスキルが求められる」と述べられています。

注目した2点に関しては、学問の専門分野の知識である見方・考え方を自覚的に働かせること、中でも批判的思考力や問題解決能力、創造的思考力などを働かせていくという関係がわかります。

「言葉による見方・考え方」とは

見方・考え方の中で、国語科で用いられるものが「言葉による見方・考え方」です。言葉による見方・考え方の内容は、現行学習指導要領の軸をつくってきた、中央教育審議会の中の教育課程部会国語ワーキンググループ（以下ＷＧ）の議論で練られてきました。

言葉による見方・考え方の原型がはじめて登場したのは、２０１６年４月の教育課程部会第６回ＷＧでした。

そのときの配付資料には「言葉で表現されたもの・言葉による表現そのもの」の「言葉の働きを捉え」「国語で表現し理解すること（創造的・論理的思考の側面、感性・情緒の側面、他者とのコミュニケーションの側面）を通して、自分の思いや考えを形成し深める」と記されています。

ＷＧでの議論を経て、５月の第７回ＷＧの配付資料では、「①創造的思考とそれを支える論理的思考の側面、②感性・情緒の側面、③他者とのコミュニケーションの側面から言葉の働きを捉え、自分の思いや考えを深めたり表現したりすることが、国語科において育むべき『言葉に対する見方・考え方』である」と変化してきます。

続けて「この『言葉に対する見方・考え方』を働かせることによって、言葉で表現された対象に対する認識や自分の思いや考え、表現などが深まったり更新されたりすることが国語科の学びであり、そこでは、言葉と対象をつなぐことと、そのつないだ関係性を言葉を通して問い直して深めたり更新したりすることが行われていると考えられる」と見方・考え方を関係づけた国語の学びが述べられています。

また、現行学習指導要領では「言葉による」とされているところが、この段階では「言葉に対する」となっています。

「言葉の働き」の意味合いが、創造的・論理的思考、感性・情緒、コミュニケーションという3つの側面から規定されていることがわかります。

第7回WGでの議論を踏まえ、最終回となった5月の第8回WGでは、次のような案が出されています。

「①創造的思考とそれを支える論理的思考の側面、②感性・情緒の側面、③他者とのコミュニケーションの側面から言葉の働きを捉え、理解したり表現したりしながら自分の思いや考えを深めることが、国語科において育むべき『言葉に対する見方・考え方』である」

続けて「この『言葉に対する見方・考え方』を働かせることによって、言葉で表現された対象に対する理解や表現、自分の思いや考えなどを広げ深めることが国語科の学びであり、そこでは、言葉と言葉、言葉と対象をつなぐことと、そのつないだ関係性を言葉を通して問い直し、吟味して意味付けることが行われていると考えられる」とあり、基本的には第7回で出された内容を踏襲しています。

そして、2016年8月にWGの審議の取りまとめが出され、その内容を引き継ぐ形で同年12月に答申へと至ります。

そこには、まず次のように国語科の特質と見方・考え方を関係づけた国語の学びが述べられています。

・国語科は、様々な事物、経験、思い、考え等をどのように言葉で理解し、どのように言葉で表現するか、という言葉を通じた理解や表現及びそこで用いられる言葉そのものを学習対象とするという特質を有している。それは、様々な事象の内容を自然科学や社会科学等の視点から理解することを直接の学習目的とするものではないことを意味している。

・事物、経験、思い、考え等を言葉で理解したり表現したりする際には、対象と言葉、言葉と言葉の関係を、創造的・論理的思考、感性・情緒、他者とのコミュニケーションの側面から、言葉の意味、働き、使い方等に着目して捉え、その関係性を問い直して意味付けるといったことが行われており、そのことを通して、自分の思いや考えを形成し深めることが、国語科における重要な学びであると考えられる。

・このため、自分の思いや考えを深めるため、対象と言葉、言葉と言葉の関係を、言葉の意味、働き、使い方等に着目して捉え、その関係性を問い直して意味付けることを、「言葉による見方・考え方」として整理することができる。

ＷＧで示されていた案の「言葉の働き」が、「言葉の意味、働き、使い方等」に細分化されています。

現行学習指導要領の「知識及び技能」の観点に合わせると、おおむね「言葉の意味」が「語彙」、「言葉の働き」はそのまま「言葉の働き」、「言葉の使い方」は「言葉遣い」「語彙」に対応させていくことができそうです。

「ありがとう」という言葉についてみると、感謝するという「言葉の意味」があり、ありがとうを伝える相手と心を通わせるという「言葉の働き」があります。さらに、「言葉の使い方」で言えば常体です。

それらを合わせてWGでは「言葉の働き」としていたのでしょう。

「小学校学習指導要領（平成29年告示）解説 国語編」（以下、小学校解説）には、「意味や働き、使い方などの言葉の様々な側面から総合的に思考・判断し、理解したり表現したりする」とあるように、3つの視点を意識することで、例えば小説を読み、「ありがとう」と言った登場人物の心情を解釈しようとするときに、「言葉の働き」の視点からみた言葉の機能の面、「言葉の意味」の視点から見た文脈上の意味、「言葉の使い方」の点で「ありがとうございます」ではなくて「ありがとう」を選択した意図など、多面的、重層的な見方を促すことができます。

なお、「言葉の働き」は「言葉の意味」や「言葉の使い方」に比べて、その具体をイメージしにくいです。

「高等学校学習指導要領（平成30年告示）解説　国語編」（以下、高等学校解説）では

「言葉の働き」について5つの観点から、次のように述べています。

認識や思考を支える働き（「現代の国語」）
文化の継承、発展、創造を支える働き（「言語文化」）
言葉そのものを認識したり説明したりすることを可能にする働き（「論理国語」）
想像や心情を豊かにする働き（「文学国語」）
自己と他者の相互理解を深める働き（「国語表現」）

このような整理は、「読むこと」はもちろんのこと、「話すこと・聞くこと」「書くこと」の学習で見方を設定していく際に効果的です。

話を元に戻します。

WGでは「言葉に対する」だったものが、答申では「言葉による」に変化しています。国語科が対象とするものはいわゆる「言葉」で書かれたものだけではなく、詩や俳句をつくる際に観察する星空などもたくさんあるので、「言葉に対する」を「言葉による」と改めたことには頷けます。

小学校解説では、言葉による見方・考え方が、次のように説明されています。

言葉による見方・考え方を働かせるとは、児童が学習の中で、対象と言葉、言葉と言葉との関係を、言葉の意味、働き、使い方等に着目して捉えたり問い直したりして、言葉への自覚を高めることであると考えられる。

答申と比べて、言葉による見方・考え方の説明に大きな変化はありません。答申から解説へと至る過程でなくなったのは**「創造的・論理的思考、感性・情緒、他者とのコミュニケーションの側面から」**という箇所です。

この3つの側面は、言葉による見方・考え方の具体をイメージするうえでとても効果的です。

「創造的・論理的思考」というと「比較」「分類」「帰納」「演繹」といった概念的思考がイメージされます。

「感性・情緒」というと小説・物語や韻文を読む際に、登場人物に自分を重ね「同化」するといった思考がイメージされます。

「他者とのコミュニケーション」というと対話や話し合いの際の「相手」「目的」「状況」といった観点がイメージされます。

国語科ではこれまで、「国語的な見方・考え方」といったものは学習指導要領に載ってくることはありませんでした。

また、学習指導要領の解説においても、言葉による見方・考え方は抽象的な書かれ方をしています。

そういった状況の中、言葉による見方・考え方の「創造的・論理的思考、感性・情緒、他者とのコミュニケーションの側面」を意識することは、言葉による見方・考え方の理解の一助となります。

ところで、鶴田清司氏（２０２０）は「言語理論にしても文学理論にしても多種多様で、何をもって国語科固有の『見方・考え方』とするかは非常に難しい」と述べていますが、言葉による見方・考え方が示されて以来、言葉による見方・考え方の具体や授業デザインがなかなか見えてこないという状況が続いています。

そこで次は、言葉による見方・考え方を図式化してみます。

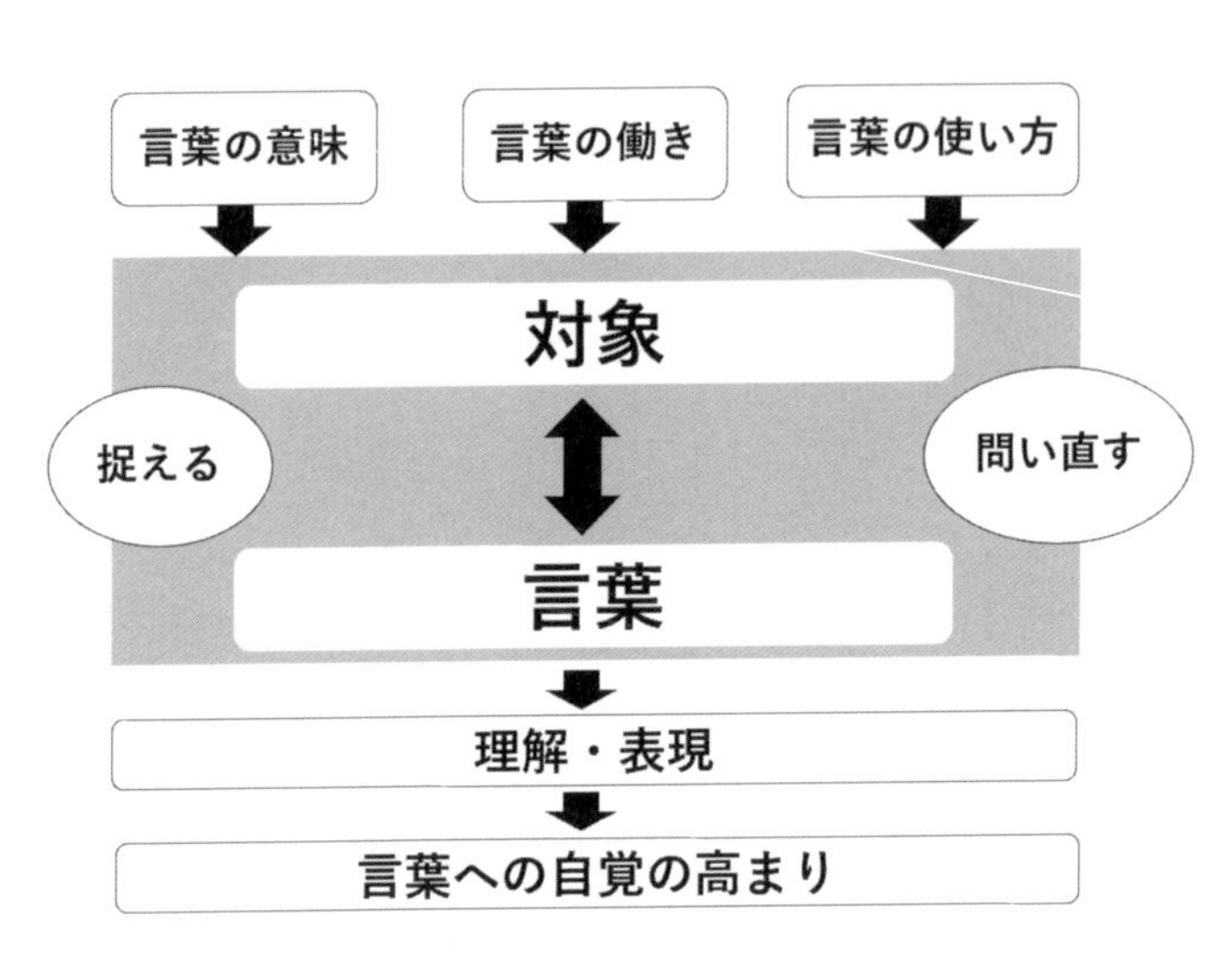

まず、**「対象と言葉」**の関係を図式化してみます。

このときの対象は「犬」「海」のような具体物である場合もあるでしょうし、「部活動」「修学旅行」といった体験もあるでしょう。何気なく捉えているに過ぎないものなどを、言葉の意味、言葉の働き、言葉の使い方の視点から明確に捉えること、あるいは、いったんは言語化したもののその表現でよいのかを、言葉の意味、言葉の働き、言葉の使い方の視点から吟味し、問い直すことを経て、理解、表現し、その結果として、言葉への自覚が高まる過程を示しています。

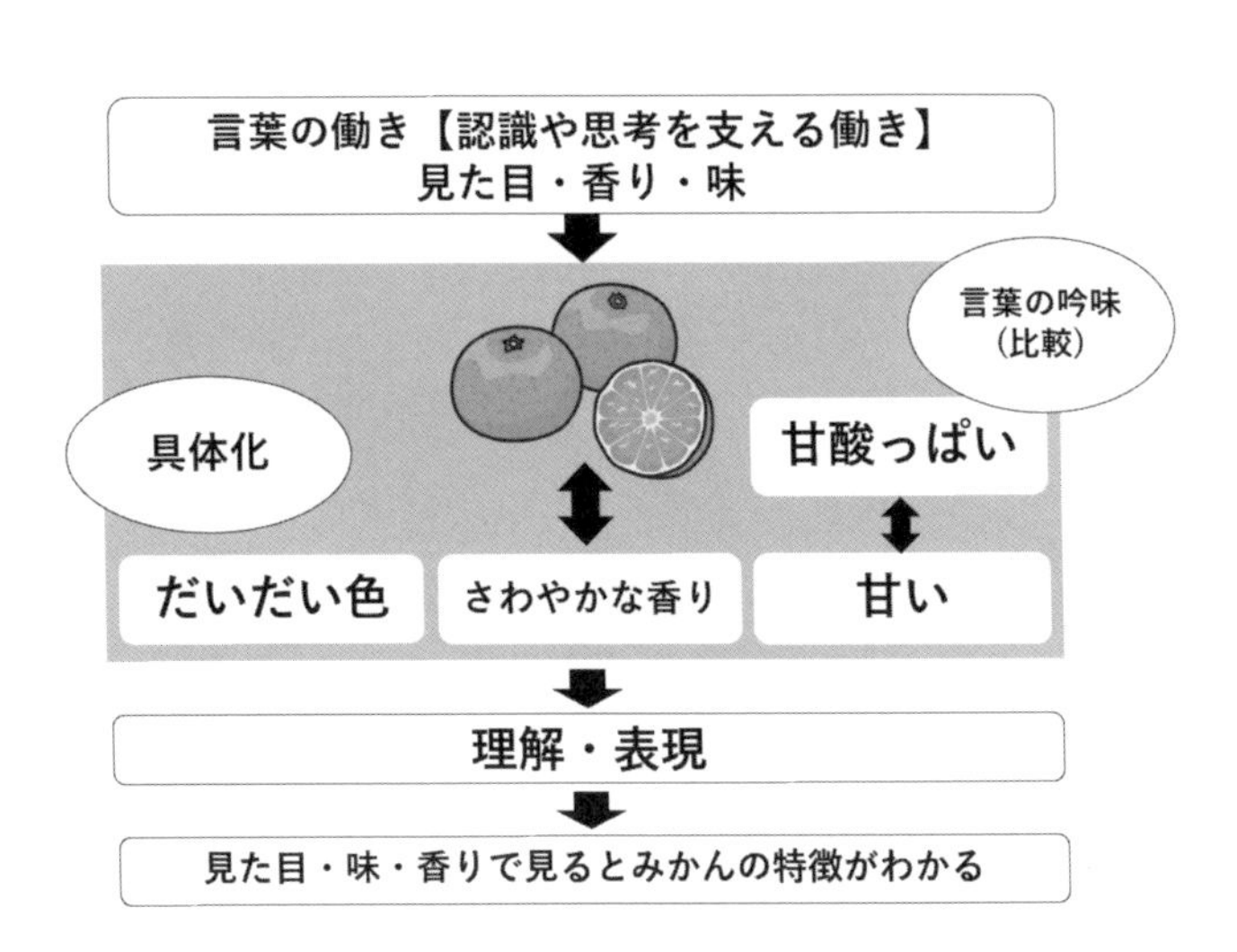

では、図に内容を入れてみます。

筆者が現在住んでいる和歌山は「みかん」の産地です。みかんについて、言葉による見方・考え方を働かせてみます。

事物の内容を表す言葉の働きの点で、みかんを見た目、香り、味の視点から具体化すると、見た目＝だいだい色、香り＝さわやかな香り、味＝甘いとなります。

味についての表現を吟味し、問い直してみます。いったん「甘い」としましたが、みかんは甘いだけではないので、「甘酸っぱい」の方がより適切な気がします。

何気なく捉えていたみかんを、見た目、味、香りで具体化し、言葉を吟味していくことで、その特徴がよくわかってきます。

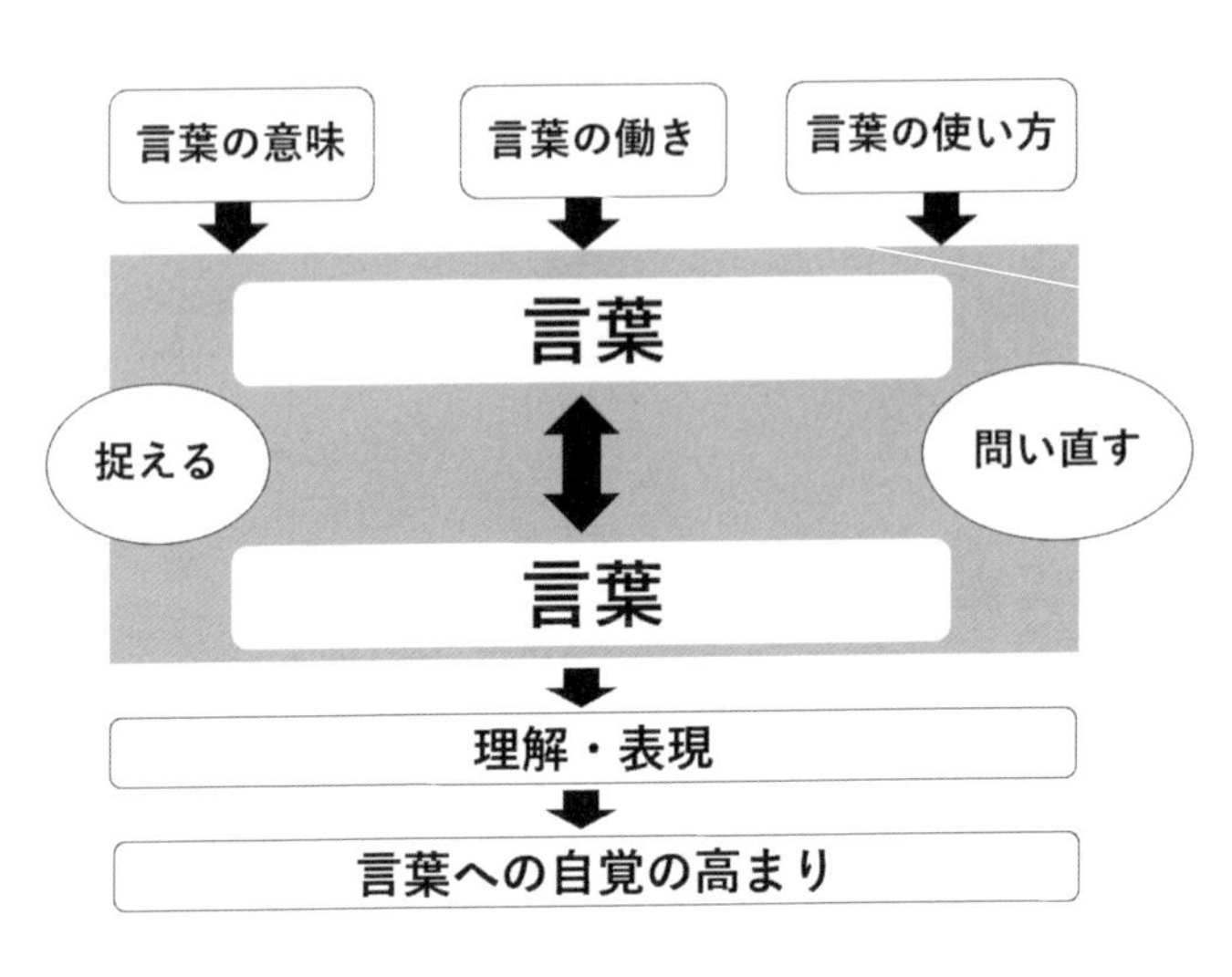

次に、**「言葉と言葉」**の関係を図式化してみます。

「言葉と言葉」の関係は、例えば、物語、小説、評論文、説明文といった、「読むこと」を前提とした文章の中にあります。また、対話や話し合い、スピーチといった話し言葉の中にもあります。さらに、構成メモをつくった後に文章化していくといった、書く活動の中にもあります。

言葉と言葉を、言葉の意味、言葉の働き、言葉の使い方を視点にして捉えて取り出して、概念的思考を働かせて、それらの関係を再認識し、理解、表現へとつなげます。その結果として、言葉への自覚の高まりが生まれます。

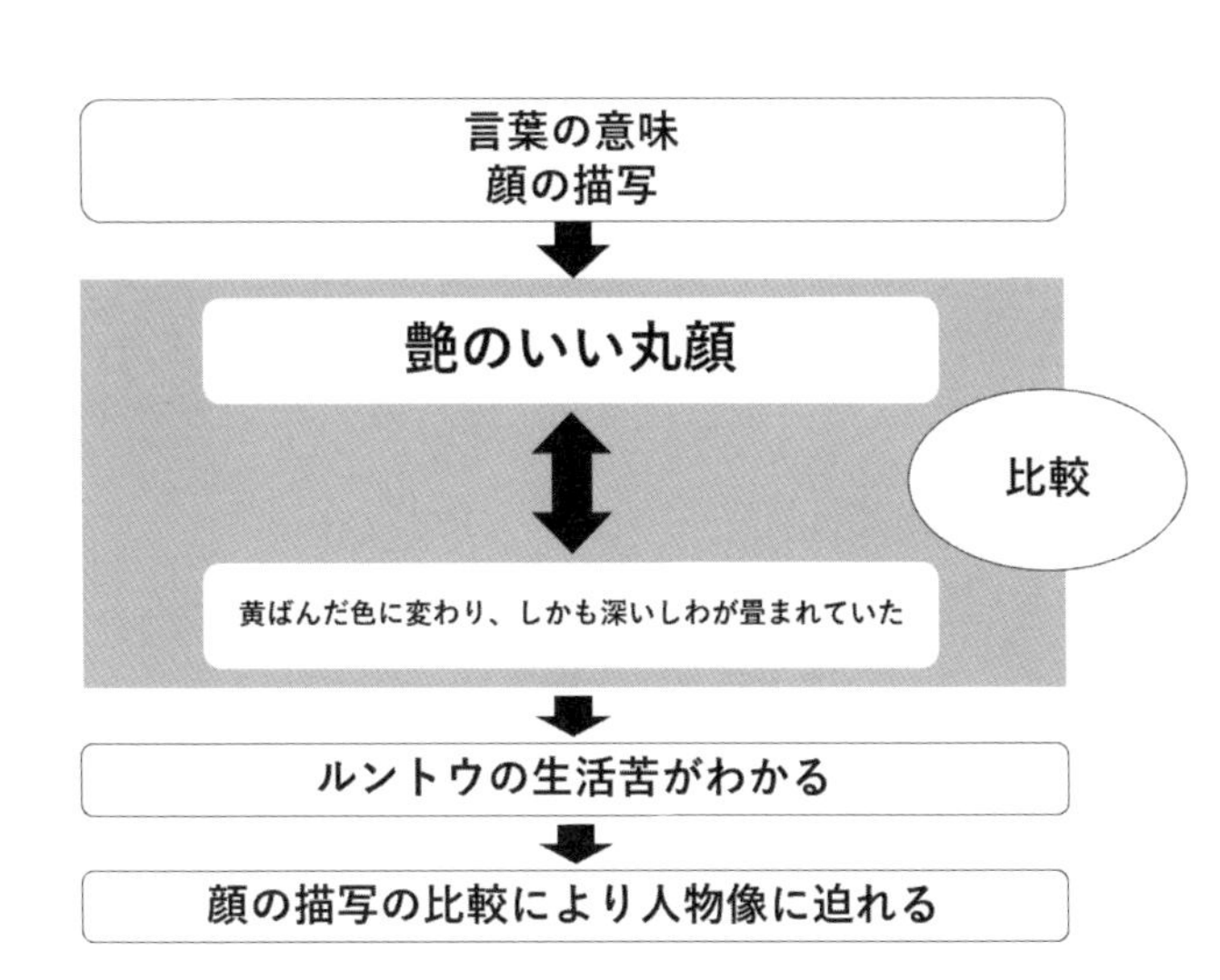

では、図に内容を入れてみます。

小説を解釈する学習場面で考えてみます。『故郷』（中学3年）に登場する「ルントウ」の人物像を考える場面です。言葉の意味の点から、ルントウの顔の描写に注目すると、昔は「艶のいい丸顔」と書かれていましたが、かつての艶のいい丸顔は、現在は「黄ばんだ色に変わり、しかも深いしわが畳まれてい」る状態になっています。この2つの描写を比べると、艶がなくなり、黄ばんでしまい、苦労の象徴であるしわが深くなったルントウの現在の生活苦を読み取ることができます。そして、学習者は「登場人物の顔の描写の比較によって人物像に迫れる」という認識をもつことができます。

②学習指導要領から見える「言葉による見方・考え方」

指導事項と解説をあわせ読むことで具体が見える

ここまで、言葉による見方・考え方がこれまでの国語授業の課題解決の突破口となり、現行学習指導要領で示されている資質・能力の獲得やそのための深い学びの中心となることを述べてきました。

また、言葉による見方・考え方の大まかな内容について、WGで示された資料の内容を中心に見てきました。そして、モデル図により、その思考の流れについて検討してきました。

同時に、言葉による見方・考え方が何を指すかの具体化には課題があることを指摘しました。言葉による見方・考え方は大切であるということが認識されても、その具体がわからなければ、実践にはつながりません。

そこで、ここからは、言葉による見方・考え方の具体を探っていきます。

まず、手がかりになるのは、学習指導要領及び学習指導要領の解説です。

学習指導要領には指導事項が掲載されています。小学校学習指導要領の第3学年及び第4学年の「知識及び技能」(1)オには「様子や行動、気持ちや性格を表す語句の量を増し、話や文章の中で使うとともに、言葉には性質や役割による語句のまとまりがあることを理解し、語彙を豊かにすること」とあります。

このうち、「性質による語句のまとまり」「役割による語句のまとまり」とは具体的に何を指すのでしょうか。

小学校解説の該当箇所を見ると、「性質による語句のまとまりとは、物の名前を表す語句や、動きを表す語句、様子を表す語句などのまとまりのことである」とあります。また、「役割による語句のまとまり」については、「役割による語句のまとまりとは、文の主語になる語句、述語になる語句、修飾する語句などのまとまりのことである」と説明されています。

言葉による見方・考え方の具体を探っていく場合、学習指導要領に記載されている指導事項だけを見ても、イメージがわかないものがあります。そういった内容の多くが、学習指導要領の解説を見ると具体的に示されています。

小学校学習指導要領の「見方」には何があるか

「知識及び技能」から

まず、「見方」つまり、対象や言葉を見る視点の具体として参考になるものをピックアップしていきます。はじめに、小学校学習指導要領の「知識及び技能」から見ていきます。

第1学年及び第2学年(1)オ（語彙）
身近なことを表す語句の量を増し、話や文章の中で使うとともに、言葉には意味による語句のまとまりがあることに気付き、語彙を豊かにすること。

小学校解説で、「身近なことを表す語」は「日常生活や学校生活で用いる言葉、周りの人について表す言葉、事物や体験したことを表す言葉」と説明されています。例えば『お手紙』（小学2年）には「かえるくん」「がまくん」という人物が登場します。がまくん宛の手紙を待つかえるくんの気持ちを想像させる際、「周りの人について表す言葉」を活用し、「かえるくんが手紙を待つ様子を見つけてみよう」と投げかけます。すると、はじめは「かえるくんは、まどからゆうびんうけを見ました」と書かれていますが、次は「かえるくんはまどからのぞきました」と書かれており、かえるくんの焦る気持ちを捉えることにつながります。

第５学年及び第６学年⑴ク（表現の技法）　比喩や反復などの表現の工夫に気付くこと。

小学校解説では、「比喩とは、あるものを別のものにたとえて表現することである。『まるで〜のようだ』などのようにたとえであることを示す語句を伴う直喩や、そのような語句を用いない隠喩などがある。反復とは、同一又は類似した表現を繰り返すことである。連続したり間を置いたりして繰り返すなど様々な場合がある。表現の工夫には、比喩や反復、倒置など様々なものがある」と説明しています。

小学校解説では続けて「これらの表現の工夫は、第1学年及び第2学年の児童が読んだり書いたりする文章中にも頻繁に見られる」と説明しています。また、比喩や反復は5、6年で表現の工夫への気づきの整理が求められているのですが、『大造じいさんとガン』（小学5年）の大造じいさんの残雪に対する呼称など、高学年の物語教材に多く登場するので、心情の解釈に積極的に活用させることができます。

「思考力・判断力・表現力等」から

「話すこと・聞くこと」

次に「話すこと・聞くこと」について述べます。

第1学年及び第2学年(1)ア（話題の設定、情報の収集、内容の検討）
身近なことや経験したことなどから話題を決め、伝え合うために必要な事柄を選ぶこと。

小学校解説では「身近なこと」に関わって「学校や家庭、地域における身近な出来事や自分が経験したこと」と例が示されています。

低学年の学習者が、教室の友だちにスピーチをするのに、どんなところに目をつけて話題を選んだら発達段階に適しているかということを決め出していく際、「身近」の範囲はどの程度のことなのか判断するために効果的な見方です。

第3学年及び第4学年(1)ア（話題の設定、情報の収集、内容の検討）
目的を意識して、日常生活の中から話題を決め、集めた材料を比較したり分類したりして、伝え合うために必要な事柄を選ぶこと。

中学年になると、「目的」が新たに入ってきます。小学校解説には、目的に関して「説明や報告をする、知りたいことを聞く、互いの考えを伝え合うことなど」と書かれています。目的は見方の1つとして重要なものです。

例えば「説明や報告をする」ためという目的に沿った見方で、情報収集をするということになります。

また、「話題」は「学校や家庭、地域のことなど、児童が日常生活の中で興味や関心をもっていること」と示され、「必要に応じて、本や文章を読んだり、人に聞いたりしながら調べること」と取材先が示されています。

低学年では、身近なこと、自分が経験したことに目をつけるということでしたが、中学年になると、本、文章、他者というように、目のつけどころが広がってくることが小学校解説を読むことでわかります。

「書くこと」

まず、低学年についてです。

第1学年及び第2学年⑴イ（構成の検討）
自分の思いや考えが明確になるように、事柄の順序に沿って簡単な構成を考えること。

書くために集めた材料をどのような順序で並べるとわかりやすいのかを検討するためには「順序」に関する見方が必要になります。

小学校解説では、「事柄の順序」に関する具体が示されています。「経験した順序」「物を作ったり作業したりする手順」「事物や対象を説明する際の具体的内容の順序」が例示されていることから、集めた材料を配列するための視点が明確になります。

同じく「構成の検討」に関わって中学年を見てみます。

第3学年及び第4学年⑴イ（構成の検討）
書く内容の中心を明確にし、内容のまとまりで段落をつくったり、段落相互の関係に注意したりして、文章の構成を考えること。

ここで気になることは「段落相互の関係」とはどのような関係なのかということです。小学校解説では、このことについて「考えとそれを支える理由」「考えとそれを具体的に述べる事例」「列挙された事例同士の関係」といったことが例示されています。

高学年では次のようになっています。

第5学年及び第6学年⑴イ（構成の検討）

筋道の通った文章となるように、文章全体の構成や展開を考えること。

小学校解説では、「筋道の通った文章」について、低学年や中学年での指導事項「事柄の順序」などに加えて、「考えと理由や事例」「原因と結果」「疑問と解決」といった型が示されています。

このように「順序」「段落相互」「筋道」に関する具体的な見方があることで、それに照らし合わせて学習者は構成を検討していくことができます。

「読むこと」

「読むこと」の指導事項のうち、「構造と内容の把握」と「精査・解釈」については、物語などの文学的文章と説明的文章に分かれています。ここでは、文学的文章の指導事項のうち「構造と内容の把握」に関して、低学年から順に見ていきます。

第1学年及び第2学年⑴イ（構造と内容の把握）

場面の様子や登場人物の行動など、内容の大体を捉えること。

小学校解説では、「内容の大体」を捉えるための視点として「場面の様子」「登場人物の行動」「会話」「本や作品の題名」「場面の様子を描いた挿絵」が例示されています。このうち「本や作品の題名」「場面の様子を描いた挿絵」は数が限られ、具体的な視点として活用しやすいと言えます。「会話」に関しても同様のことが言えるでしょう。一方「場面の様子」「登場人物の行動」は指導事項と同じ表現が使われており、範囲は大変広いです。場面の様子や登場人物の行動をつかむためにどこに着目すればよいのかが見えてきません。

中学年になっても同様の傾向です。

第3学年及び第4学年⑴イ（構造と内容の把握）
登場人物の行動や気持ちなどについて、叙述を基に捉えること。

ここでは、「登場人物の気持ち」について「行動」「会話」「地の文」に着目することが小学校解説に示されています。

高学年ではどうでしょうか。

第5学年及び第6学年⑴イ（構造と内容の把握）
登場人物の相互関係や心情などについて、描写を基に捉えること。

「登場人物の心情」について、「直接的に描写されている場合」と「行動」「会話」「情景」などに暗示的に表現されている場合があることが小学校解説に示されています。他学年同様、具体的な見方は示されていません。「行動」「会話」「地の文」などに着目するのはその通りですが、物語の読み取りでは、ストーリー展開に着目し、自分の経験と関連づけて考えた読みを出す活動に終始することに陥ることが往々にしてあります。「行動を修飾している言葉」「口調」など見方を具体化し、表現面への着目を促すことで、「言葉の意味」や「言葉の働き」「言葉の使い方」を視点とした読みが期待できるでしょう。

中学校学習指導要領の「見方」には何があるか

「知識及び技能」から

第1学年(1)ウ（語彙）

事象や行為、心情を表す語句の量を増すとともに、語句の辞書的な意味と文脈上の意味との関係に注意して話や文章の中で使うことを通して、語感を磨き語彙を豊かにすること。

中学校になると口語文法の学習が始まります。中学校解説も文法の学習を踏まえた内容が見られます。「事象や行為、心情を表す語句」の具体として「動詞」「形容詞」「形容動詞」「名詞」「副詞」が例示されています。これらは、物事を説明する際や相手とコミュニケーションを取る際に活用できるものです。それればかりでなく、小説を読み取っていく際の視点としても効果的です。例えば『少年の日の思い出』（中学1年）の最後の一文にある形容動詞「粉々に」は、中心人物がチョウを押し潰していく際の強い気持ちが投影されています。

2年生からは、「言葉の働き」を取り上げます。

第2学年(1)ア（言葉の働き）

言葉には、相手の行動を促す働きがあることに気付くこと。

中学校解説では「相手の行動を促す働き」のある表現として、「『読め』『読もう』などの命令や呼び掛けの表現」「『本を読んでいただけませんか』といった敬語」が具体的に例示されています。こちらも小説の読み取りを進めていく場合に、相手との関係性や登場人物の心情を考えていく際の観点として効果的に働くものです。

続いて3年生です。

第3学年(1)ウ（文や文章）

話や文章の種類とその特徴について理解を深めること。

中学校解説では、「話や文章の種類」として「意見」「感想」「記録」「報告」「説明」「解説」「提案」「物語」が具体的に例示されています。話や文章それぞれの役割や構成の理解をすることで、正しく書いたり、読み取ったりするための視点を得ることができます。

「思考力・判断力・表現力等」から

「話すこと・聞くこと」

「話すこと・聞くこと」について、「話すこと」「話し合い」「聞くこと」それぞれの指導事項から示唆される見方を1年生から見ていきます。

第1学年⑴ウ（表現、共有）

相手の反応を踏まえながら、自分の考えが分かりやすく伝わるように表現を工夫すること。

「話すこと」に関しての指導事項です。中学校解説には、考えをわかりやすく伝えられるようにするための表現の工夫に関する視点が「聞き手の興味・関心、情報量」とそれを踏まえた「聞き手に応じた語句」の選択をはじめ、小学校で学んだ「話す速度」「音量」「言葉の調子」「間の取り方」「言葉遣い」と非常に具体的に示されています。

次に、2年生からは「話し合うこと」について見ていきます。

第2学年⑴オ（話合いの進め方の検討、考えの形成、共有）

互いの立場や考えを尊重しながら話し合い、結論を導くために考えをまとめること。

中学校解説では、「互いの立場や考えを尊重しながら話し合う」ために、「発言の内容」だけではなく「それぞれの置かれた立場」「意見が出された背景」という見方を示しています。それぞれの置かれた立場というのは指導事項の文言と同様ですが、「意見が出された背景」に関しては、指導事項に書かれた事柄を具体化していると言えます。

3年生からは「聞くこと」について取り上げます。

第3学年(1)エ（聞くこと）

話の展開を予測しながら聞き、聞き取った内容や表現の仕方を評価して、自分の考えを広げたり深めたりすること。

中学校解説には、「表現の仕方を評価する」ことに関わる具体的な視点として、「話の内容」「話の構成」「論理の展開」「語句や文の使い方」「声の出し方」「言葉遣い」「資料や機器の活用の仕方」などが例示されています。数が多く具体的なので授業に取り入れやすいですが、注意点が1つあります。それは、1つのスピーチに対して、あげられているすべての視点ではなく、あげられているものの中で指導した視点で評価するということです。

「書くこと」

指導事項に関わった具体が多く示されている箇所を1年生から取り上げていきます。

第1学年(1)イ（構成の検討）

書く内容の中心が明確になるように、段落の役割などを意識して文章の構成や展開を考えること。

中学校解説には、「段落の役割などを意識する」ことに関わって「問題や課題などについて述べる段落」「集めた材料などについて分析する段落」「それらを基にして自分の考えや意見を述べる段落」と例示されています。段落の役割が具体的に示されているので、これらの役割に沿うように段落の内容を整理していくことができます。段落の役割を明確にするための視点として、「さらに」「例えば」「ところが」「一方」のように具体的に「接続語」が示されたり、「見出し」も取り上げられたりしています。

第2学年(1)オ（共有）

表現の工夫とその効果などについて、読み手からの助言などを踏まえ、自分の文章のよい点や改善点を見いだすこと。

中学校解説では、「表現の工夫」を見ていく視点として、「説明や具体例」「事物の描写の仕方」「表現の技法」「文末表現」「敬語などの語句の用法」が具体的にあげられています。表現の工夫を見ていく視点が具体的に示されているので、学習者は焦点的に文章を評価していくことができます。ただし、中学3年生の「聞くこと」の項で述べたように、ここでも題材の設定から推敲までの間で指導したことを、互いの文章を見合う視点として設定することが肝心です。

第3学年⑴ウ（考えの形成、記述）

表現の仕方を考えたり資料を適切に引用したりするなど、自分の考えが分かりやすく伝わる文章になるように工夫すること。

中学校解説では、「表現の仕方」として「敬体と常体などの文体」「語句や文末表現を工夫すること」「簡潔な述べ方と詳細な述べ方」「断定的な述べ方と婉曲な述べ方」「説明的な文章での中心的な部分と付加的な部分との関係」「事実と意見との関係」「文学的な文章での描写の仕方や比喩などの表現の技法」と、非常に具体的に述べられています。

「読むこと」

「読むこと」に関する見方の参考になる事柄について、小学校学習指導要領では比較的抽象的に書かれていました。中学校学習指導要領でも、やはり小学校学習指導要領と同様に、見方の参考になる事柄は抽象的に書かれています。しかし、1年生、2年生の「精査・解釈」のうち「エ」に関しては具体的に書かれています。ここでは、1年生の指導事項エを取り上げて述べます。

第1学年(1)エ（精査・解釈）

文章の構成や展開、表現の効果について、根拠を明確にして考えること

「表現の効果」については、中学校解説で、「簡潔な述べ方と詳細な述べ方」「断定的な述べ方と婉曲な述べ方」「敬体と常体」「和文調の文体と漢文調の文体」「描写の仕方や比喩」が具体的な着眼点として例示されています。非常に具体的に書かれているので、小説などを読み、表現の効果を見つけていくには効果的です。なお、類似の記述は本書にも取り上げていますが、3年生の「書くこと」領域で見られます。2学年にわたって「読むこと」で働かせた見方を「書くこと」でも活用することにより、効果的な表現に関する見方

を確実に定着させていくことができます。ただ、そのためには、本指導事項で示されている見方を1年生のうちに習得させたうえで、2年生で同様の学習をしていく際には、「1年生では『表現の効果』についてどんなところに目をつけて探すことを学びましたか？」と学習者に尋ねたときに、答えられるようになっていることが必要でしょう。

3年生からは、「精査・解釈」を取り上げます。

第3学年(1)イ（精査・解釈）

文章を批判的に読みながら、文章に表れているものの見方や考え方について考えること。

中学校解説では、「文章を批判的に読む」ことに関わり、説明的な文章、文学的な文章、それぞれについての視点が示されています。説明的な文章については、「文章中で述べられている主張と根拠との関係の適切さ」「根拠の正確さ」といったことがあげられています。また、文学的な文章については、「登場人物の行動や物語の展開の意味」「登場人物と自分との考え方の違い」といったことがあげられています。批判的に読むための見方を設定するうえで参考になります。

高等学校学習指導要領の「見方」には何があるか

「知識及び技能」から

第1　現代の国語(1)エ（語彙）

実社会において理解したり表現したりするために必要な語句の量を増すとともに、語句や語彙の構造や特色、用法及び表記の仕方などを理解し、話や文章の中で使うことを通して、語感を磨き語彙を豊かにすること。

高等学校解説では語彙の構造について詳しく例示されています。人間活動を表す語彙のうち、要望や要求に関する語彙を取り上げ、漢語名詞の「要請」「請求」「所望」「懇願」を例示し、それらは「する」をつけると動詞になることやそれらと似た意味の言葉の和語「求める」「訴える」、外来語の「アピール」「クレーム」、複合語の「申し入れる」「拝み倒す」、慣用句の「情に訴える」「後生だから」などを示し、具体的に語句相互の関連性を示しています。

第１　現代の国語(1)オ（文や文章の組み立て方）

文、話、文章の効果的な組立て方や接続の仕方について理解すること。

「文や文章の組み立て方」では、「話、文章の効果的な組立て方」について、まず「一般」として「話題提示や問題設定の場合は最初」「結論表明や問題提起の場合は末尾」に書くと効果的に伝わるということが述べられています。

続いて「意見文」の場合は「設定した課題に対する賛否を最初に記してから、その根拠を述べる」と記されています。

「説明文」の場合は、「結論を先に述べてから根拠を示す構成（頭括型）」「根拠を示してから最後に結論を述べる構成（尾括型）」「結論を先に述べてから根拠を示し再度結論を述べる構成（双括型）」と記されています。

「報告文」では、「いつ、どこで、何（誰）が、何をしたか」について、「決まった型にしたがって正確に書く」と記されています。

このような文種ごとの効果的な組み立て方が明示されていることにより、それぞれの文種に沿った文章を書く際の基本的な枠組みに関する見方を得ることができます。

「思考力・判断力・表現力等」から

「話すこと・聞くこと」

「現代の国語」から指導事項を3つ取り上げます。

第1　現代の国語(1)イ（構成の検討、考えの形成）（話すこと）
自分の考えが的確に伝わるよう、自分の立場や考えを明確にするとともに、相手の反応を予想して論理の展開を考えるなど、話の構成や展開を工夫すること。

高等学校解説では「話の構成や展開」の工夫として、「筋道を明確に」すること、「結論を先に出し、後から説明を加え」ること、「聞き手の関心を引くために具体的なエピソードから始めたりする」ことが例示されています。

第1　現代の国語(1)ウ（表現、共有）（話すこと）
話し言葉の特徴を踏まえて話したり、場の状況に応じて資料や機器を効果的に用いたりするなど、相手の理解が得られるように表現を工夫すること。

話し言葉の特徴を踏まえ正しく意味が伝わる話し方として「同音異義語」を用いることによって誤解が生じないよう、「分かりやすい説明」を加えたり「言い換え」たりする、「強調すべき点」については、「呼び掛けの言葉」や「反復」「感動詞」を使うことが例示されています。

第1　現代の国語⑴オ（話合いの進め方の検討、考えの形成、共有）（話し合うこと）

論点を共有し、考えを広げたり深めたりしながら、話合いの目的、種類、状況に応じて、表現や進行など話合いの仕方や結論の出し方を工夫すること。

話し合いの種類が目的と共にたくさん示されています。ここでは解説で例示されている数多くの種類をあげます。

「発想や意見」を出し合う話し合いとして「ブレーンストーミング」「座談会」「フリートーキング」「バズ・セッション」「ワールド・カフェ」が例示されています。「討論」の例として「ディベート」「シンポジウム」「パネル・ディスカッション」「フォーラム」があげられています。「実務的な目的」のための話し合いとして「会議」があげられています。

どんな話し合いをしたらよいかに関しての見方を豊富に得ることができます。

「書くこと」

まず、「現代の国語」から「構成の検討、考えの形成、記述」に関する指導事項をあげます。

第1　現代の国語(1)ウ（構成の検討、考えの形成、記述）

自分の考えや事柄が的確に伝わるよう、根拠の示し方や説明の仕方を考えるとともに、文章の種類や、文体、語句などの表現の仕方を工夫すること。

高等学校解説では、「根拠の示し方」に関わって、根拠を示す方法として「文章」「図表」や「グラフ」が例示されています。

また、根拠となりうる「情報の種類」として「自分の実体験（一次情報）」「聞き書きなど他者の体験の引用（二次情報）」「新聞等で得られた情報（三次情報）」が例示されています。

「説明の仕方」に関わって、出来事等を説明する場合として「全体を俯瞰した後に細部を説明する仕方」「部分の説明を積み重ねて全容を説明する仕方」が例示されています。

また、意見等を説明する場合として、「箇条書きなどキーワード等を示して手順を説明する仕方」「主張と論拠のみを簡潔に示して説明する仕方」「主張と論拠に併せて多くの具体例を示し詳細に説明する仕方」が例示されています。

このように、根拠の示し方、説明の仕方、いずれについても具体的な例示があります。

次に、「論理国語」から「考えの形成、記述」に関する指導事項をあげます。

第３　論理国語(1)オ（考えの形成、記述）

個々の文の表現の仕方や段落の構造を吟味するなど、文章全体の論理の明晰さを確かめ、自分の主張が的確に伝わる文章になるよう工夫すること。

「文章全体の論理の明晰さを確かめる」ことに関わる視点として、「全ての根拠・論拠は適切か」「根拠から導かれた結論は妥当か」「飛躍や逸脱はないか」「論証に過不足はないか」「当初の問いにきちんと対応した結論になっているか」が例示されています。

これだけ具体的な視点が設けられていると、どのようなことに気をつけて文章を書けばよいのかがとてもよくわかります。

「読むこと」

第2　言語文化⑴ウ（精査・解釈）

文章の構成や展開、表現の仕方、表現の特色について評価すること。

一般的に「評価」というと、何となくイメージはできても、具体的にどのような見方で対象を見ればよいのかがわかりにくいのですが、高等学校解説では評価する際の視点について、「優れた表現はどこにあるのか」「文章にはどのような個性が認められるのか」「文体や語句のうち、その巧みさや奥行きなどに感心したものは何か」、文体や語句のうち「違和感を覚えたものはないか」が例示されています。

第3　論理国語⑴ア（構造と内容の把握）

文章の種類を踏まえて、内容や構成、論理の展開などを的確に捉え、論点を明確にしながら要旨を把握すること。

高等学校解説では、「論点」について具体的に記述されています。論点には「文章の中心となる主要な論点」と「具体例」「説明」「補足」「反証」といった「主張を支える従属的な論点」とがあることが示されています。

第３　文学国語⑴ア（構造と内容の把握）

文章の種類を踏まえて、内容や構成、展開、描写の仕方などを的確に捉えること。

高等学校解説では、小説、随想、紀行文、日記等の散文に関する「内容や構成、展開」として「時系列に沿って出来事が述べられているもの」「冒頭に配置された結部から時間を遡って出来事が述べられるもの」「プロローグとエピローグに本編が挟まれているもの」が例示されています。また、内容や構成、展開、描写の仕方を「的確に捉える」ための視点として「その作品や文章の文体上の特色や工夫」「比喩」「擬音語・擬態語」「押韻」「繰り返し使われている言葉」があげられています。

小学校から高等学校まで学習指導要領解説から見方のヒントをピックアップしてきましたが、高等学校解説が群を抜いて具体的に書かれていました。将来、小中学校の解説でも同様の具体例が示されることで、教師側のエピステミックな知識獲得につながると期待されます。

「考え方」には何があるか

小学校学習指導要領より

「知識及び技能」から

現行学習指導要領では「情報の扱い方」が新設されました。そこには、発達段階ごとに考え方の参考となるものが示されています。

まずここで、考え方とは何かについて述べてから、学習指導要領および解説に関しての話を進めていきたいと思います。

井上尚美氏（１９９８）は、思考について次のように述べています。

思考とは、外からの新しい情報を、個体がすでに持っている情報構造の中に取り入れて同化したり、また変換操作によって既成の情報構造を変化させたりするような個体内部の働きである。

そのうえで井上氏は論理的思考を次の３つに整理しています。

(1)形式論理学の諸規則にかなった推理のこと（狭義）
(2)筋道の通った思考、つまりある文章や話が論証の形式（前提－結論、または主張－理由・根拠という骨組み）を整えていること
(3)直感やイメージによる思考に対して、分析、総合、比較、関係づけなどの概念的思考一般のこと（広義）

井上氏のこの整理は「論理的思考」に関するこれまでの多くの先行研究でもベースとなっています。また、非常にすっきりとまとめられており、わかりやすいです。

厳密には、考え方と「論理的思考」では対象とする思考の幅は異なりますが、国語科の学習指導要領に見られる考え方は、井上氏の整理を用いて捉えていくことができます。従

って、本書では考え方に関し、井上氏の整理に準じて話を進めていきます。

また、ここで「論証」という言葉が出てきます。論証と概念的思考の関係について補足します。

中村敦雄氏（1991）は、従来の国語科教育では、事実と意見の区別は重視されても、その理由づけは見過ごされてきたことを指摘し、次の例をあげて、事実と意見の2つの要素だけでは、論理の展開を捉えるうえで十分ではないと述べています。

『A君は勉強がよくできるから、学級委員としても活躍するだろう』という場合はどうだろう。たしかに、この文の前半が事実であり、後半が意見であるので区別はできる。しかし、この場合区別しただけでは不十分である。事実（データ）と主張とのあいだにある理由づけ『勉強がよくできる生徒は、学級委員として活躍するから』が適切かどうかを考えねばならない。

論証の基本として、事実（データ）と主張の2つの要素だけではなく、その間をつなぐ「理由づけ」が必要であるということです。概念的思考は、この理由づけの箇所に当たる

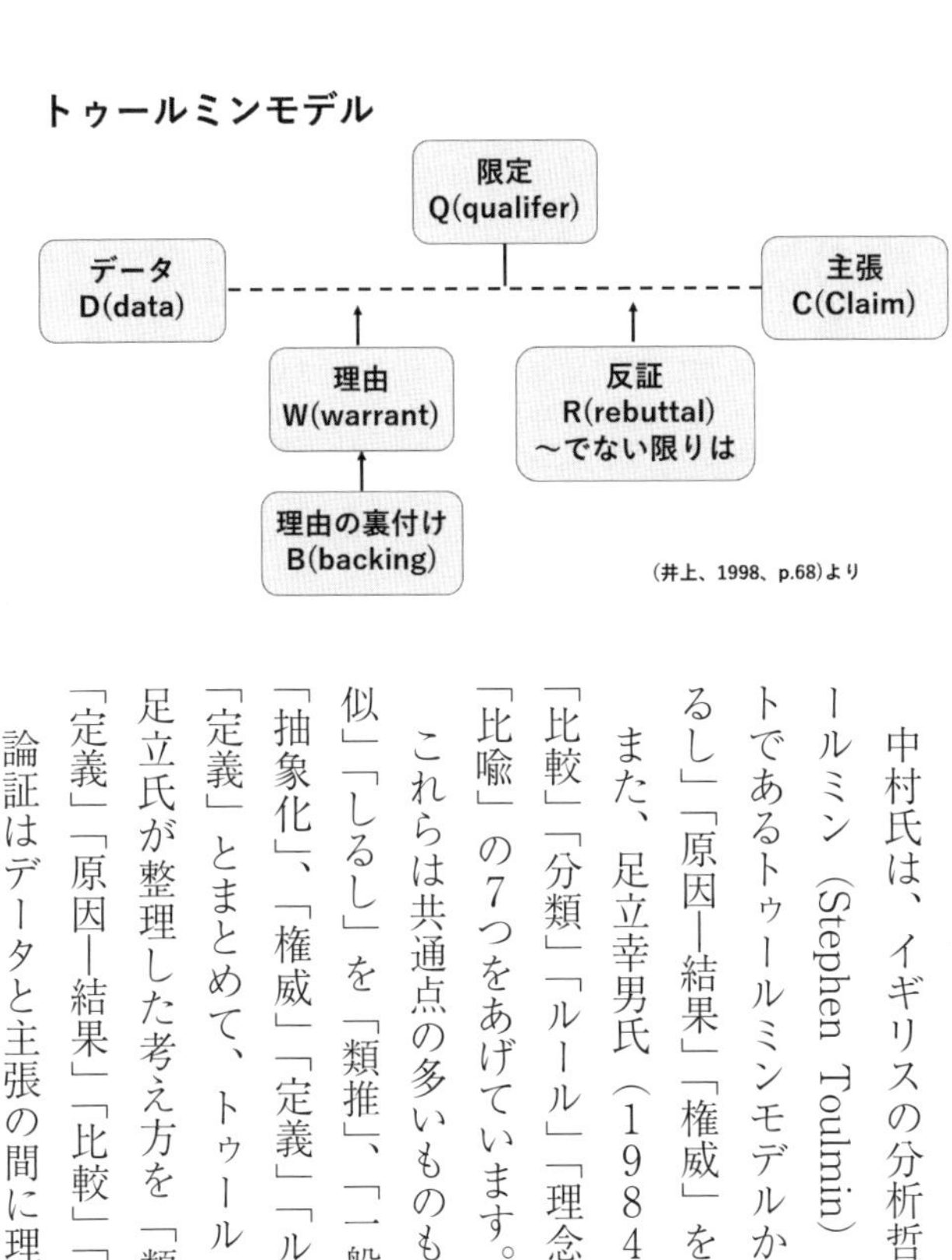

ものとなります。

中村氏は、イギリスの分析哲学者スティーブン・トゥールミン（Stephen Toulmin）が提唱した議論レイアウトであるトゥールミンモデルから「類似」「一般化」「しるし」「原因―結果」「権威」をあげています。

また、足立幸男氏（１９８４）は、これら5つ以外に、「比較」「分類」「ルール」「理念・信念」「定義」「証言」「比喩」の７つをあげています。

これらは共通点の多いものもあるので、本書では「類似」「しるし」を「類推」、「一般化」「証言」を「帰納」「抽象化」、「権威」「定義」「ルール」「理念・信念」を「定義」とまとめて、トゥールミンモデルから中村氏、足立氏が整理した考え方を「類推」「帰納」「抽象化」「定義」「原因―結果」「比較」「分類」に括ります。

論証はデータと主張の間に理由づけがあるもので、理由づけにはいくつかのタイプの概念的思考があるということです。

では、学習指導要領と解説を見ていきます。

第1学年及び第2学年⑵ア（情報と情報との関係）

共通、相違、事柄の順序など情報と情報との関係について理解すること。

小学校解説には「共通する関係を理解すること」について、「事柄同士の中から同じ点を見いだしたり、そのことによって共通であることを認識したりすること」と説明され、「相違する関係を理解する」ことについて、「事柄同士の様子や特徴などについて違う点を見いだしたり、そのことによって相違していることを認識したりすること」とあります。

共通、相違の認識や、順序づけには、観点に沿って事柄同士を比較することが前提になりますので、低学年の考え方として「比較」があるといえるでしょう。

第3学年及び第4学年⑵イ（情報の整理）

比較や分類の仕方、必要な語句などの書き留め方、引用の仕方や出典の示し方、辞書や事典の使い方を理解し使うこと。

小学校解説には「比較」について「複数の情報を比べること」と説明され、「分類」について「複数の情報を共通な性質に基づいて分けること」と説明されています。

第５学年及び第６学年⑵ア（情報と情報との関係）

原因と結果など情報と情報との関係について理解すること。

ここでは、「因果」思考があげられています。小学校解説では「ある事象がどのような原因によって起きたのかを把握したり明らかにしたりする」と説明されています。

第５学年及び第６学年⑵イ（情報の整理）

情報と情報との関係付けの仕方、図などによる語句と語句との関係の表し方を理解し使うこと。

小学校解説には「情報と情報との関係付けの仕方」として「複雑な事柄などを分解して捉え」る、「多様な内容や別々の要素などをまとめ」る、「類似する点を基にして他のことを類推」する、「一定のきまりを基に順序立てて系統化」するといった、「具体化」「抽象化」「類推」「定義」思考があげられています。

「思考力・判断力・表現力等」から

第1学年及び第2学年

A　話すこと聞くこと⑴ア（話題の設定、情報の収集、内容の検討）

身近なことや経験したことなどから話題を決め、伝え合うために必要な事柄を選ぶこと。

小学校解説には「必要な事柄を選ぶ」ことの説明として、話題に関連する事柄を「具体的に思い出し」と書かれています。「具体化」思考を働かせることがわかります。

第1学年及び第2学年　C　読むこと⑴ウ（精査・解釈）

文章の中の重要な語や文を考えて選び出すこと。

小学校解説には「書き手が伝えたいこと」や「自分が知るべきこと」を意識して「重要だと考えられる語や文を文章の中から見付ける」とあります。主張や必要性という視点に沿って情報を取り出すという「定義」思考を働かせることがわかります。

第1学年及び第2学年　C　読むこと⑴エ（精査・解釈）

場面の様子に着目して、登場人物の行動を具体的に想像すること。

小学校解説には「登場人物の行動を具体的に想像する」ことに関わって「どのような表

情・口調・様子だったのかなどを具体的にイメージしたり、行動の理由を想像したりする」とあります。「具体化」思考を働かせること、また、行動の理由の想像のために登場人物に自分を重ね「同化」する、つまり、「類推」思考を働かせることがわかります。

第３学年及び第４学年　Ｃ　読むこと⑴エ（精査・解釈）

登場人物の気持ちの変化や性格、情景について、場面の移り変わりと結び付けて具体的に想像すること。

小学校解説には「複数の叙述を根拠にすることで、より具体的に登場人物の性格を思い描くことができる」とあります。「帰納」思考を働かせることがわかります。

第５学年及び第６学年　Ｂ　書くこと⑴イ（構成の検討）

筋道の通った文章となるように、文章全体の構成や展開を考えること。

小学校解説には、筋道の通った文章にするために「考えと理由や事例」「原因と結果」「疑問と解決」が例示され、「論証の型」等に沿った思考を働かせることが示されています。

中学校学習指導要領より

「知識及び技能」から

第1学年(2)ア（情報と情報との関係）

原因と結果、意見と根拠など情報と情報との関係について理解すること。

中学校解説には、筋道立てた理解や表現のためには「原因と結果の関係を把握することが重要」、意見の理解や表明のためには「意見を支える根拠を明らかにすることが重要」といったように、「因果」思考、「論証」があげられています。

第1学年(2)イ（情報の整理）

比較や分類、関係付けなどの情報の整理の仕方、引用の仕方や出典の示し方について理解を深め、それらを使うこと。

中学校解説には「比較」「分類」とともに、「関係付け」として「複雑な事柄などを分解して捉え」る、「多様な内容や別々の要素などをまとめ」る、「類似する点を基にして他のことを類推」する、「一定のきまりを基に順序立てて系統化」するがあげられています。

これらは小学校高学年と同じ内容です。

第2学年(2)ア（情報と情報との関係）

意見と根拠、具体と抽象など情報と情報との関係について理解すること。

中学校解説には「具体」思考は「例示」の際に、「抽象」思考は「共通する要素を抽出してまとめる」際に働かせると、それぞれの考え方を働かせる場面が例示されています。なお、「具体―抽象」については3年生でも「理解を深める」といった形で示されています。

第2学年(2)イ（情報と情報との関係）

情報と情報との関係の様々な表し方を理解し使うこと。

中学校解説には、情報の関係の表し方として分類思考を働かせた「丸や四角などの枠で囲んでグループに分ける」具体―抽象思考を働かせた「階層を分けて示す」といった図式が例示されています。

第3学年(2)イ（情報と情報との関係）

情報の信頼性の確かめ方を理解し使うこと。

情報の信頼性の確かめ方として「一つの情報だけで確認するのではなく、複数の情報に当たること」があげられています。そのためには、複数の情報の「比較」が必要です。

「思考力・判断力・表現力等」から

各学年ともに考え方が具体的に示されている「書くこと」について見ていきます。

第1学年　B　書くこと⑴ア（題材の設定、情報の収集、内容の検討）

目的や意図に応じて、日常生活の中から題材を決め、集めた材料を整理し、伝えたいことを明確にすること。

中学校解説には、材料の整理の具体として、「書く目的や意図に応じて、材料を比較しながら取捨選択」する、「ある観点から分類」する、情報と情報に関し「事柄の順序」「原因と結果」「意見と根拠」などの関係を見いだし整えることが例示されています。「比較」「分類」「因果」「論証」が見られます。

第2学年　B　書くこと⑴イ（構成の検討）

伝えたいことが分かりやすく伝わるように、段落相互の関係などを明確にし、文章の構成や展開を工夫すること。

中学校解説には、段落相互の関係として「累加」「並立」「対比」「転換」「具体と抽象」

「結論と根拠」「概説と詳説」が例示されています。
「累加」「並立」「転換」は、基本的には「比較」思考を基にしていると言えます。「具体と抽象」「概説と詳説」は「具体―抽象」思考を基にしていると言えます。「結論と根拠」は「論証の型」に沿ったものと言えます。

第3学年　B　書くこと⑴イ（構成の検討）

文章の種類を選択し、多様な読み手を説得できるように論理の展開などを考えて、文章の構成を工夫すること。

中学校解説には、論理の展開として、「初めに自分の意見を述べ、それを裏付ける事実を示し、自分の意見の正当性を示す書き方」と「具体的事実から一般化し、自分の意見の正当性へと結び付ける書き方」が例示されています。
はじめにあげられている「意見―意見を裏付ける事実」の書き方は、「論証の型」に沿ったものと言えます。次にあげられている「具体的事実を一般化する」書き方は、「帰納」的な思考を働かせるものです。

高等学校学習指導要領より

「知識及び技能」から

高等学校学習指導要領では「情報の扱い方」は、「現代の国語」と「論理国語」の2科目で指導事項として設定されています。

第1　現代の国語(2)イ（情報と情報との関係）

個別の情報と一般化された情報との関係について理解すること。

高等学校解説には、個別の情報と一般化された情報の関係について「具体的な個別の情報の共通点を見付け、一般化された情報を得ることで、真実や本質に近付いていくことができる」と説明されています。「抽象化」思考の仕方とよさが述べられています。

第3　論理国語(2)ア（情報と情報との関係）

主張とその前提や反証など情報と情報との関係について理解を深めること。

高等学校解説には、主張と反証との関係を理解するために「比較」思考を働かせ、「両者の根拠や論拠、主張のそれぞれ」を「対比的に検討」することがあげられています。

第3　論理国語⑵イ（情報の整理）

情報を重要度や抽象度などによって階層化して整理する方法について理解を深め使うこと。

高等学校解説には、「雑多な情報を、段階を設定して整理するのが階層化」であるとし、「具体化思考」のための思考ツールとして「ベン図」「イメージマップ」「XYチャート」「マトリックス」「ピラミッドチャート」「座標軸」「フィッシュボーン」「熊手図」が紹介されています。

第3　論理国語⑵ウ（情報の整理）

推論の仕方について理解を深め使うこと。

高等学校解説には、推論の仕方について「演繹的な推論」「帰納」「類推」「仮説形成」が、その推論の仕方の例と共に紹介されています。

推論についてのこのような具体的な説明は、文章を筋道立てて書いたり、文章を評価する際に効果を発揮します。

「思考力・判断力・表現力」等から

「論理国語」の「書くこと」から見ていきます。

第3　論理国語　A　書くこと(1)ア（題材の設定）

実社会や学術的な学習の基礎に関する事柄について、書き手の立場や論点などの様々な観点から情報を収集、整理して、目的や意図に応じた適切な題材を決めること。

高等学校解説には、収集した情報の整理について、「書く目的や意図に応じて、材料を比較しながら取捨選択」する、「観点ごとに分類」する、情報同士の間に「事柄の順序」「原因と結果」「意見と根拠」といった関係づけを行うことが例示されています。考え方として「比較」「分類」「論証の型」が示されています。

第3　論理国語　A　書くこと(1)ウ（構成の検討）

立場の異なる読み手を説得するために、批判的に読まれることを想定して、効果的な文章の構成や論理の展開を工夫すること。

高等学校解説には、立場の異なる読み手が納得しやすい構成や展開として、「読み手の立場に応じて、主張を支える具体的な事例の数や種類を増やして多面的に説明を加える」、

「論理の展開がたどりやすい構成を工夫」することが例示されています。この他にも「予想される反論に対する適切な対応を用意」する、「『確かに～であるが』などの譲歩表現を」使う、「演繹と帰納などの推論の仕方を内容に応じて適切に選択」することがあげられています。

第3　論理国語　A　書くこと⑴エ（考えの形成、記述）

多面的・多角的な視点から自分の考えを見直したり、根拠や論拠の吟味を重ねたりして、主張を明確にすること。

高等学校解説には、「多面的・多角的な視点から自分の考えを見直す」について、「対象に関して十分に情報を集め、異なる立場や考え方に思いを巡らし、対象のもつ様々な面に着目して観察したり、立場を変えて考えたりする」ことにより「自分の考えを相対化し、様々な可能性について検討する」と説明されています。

ここで取り上げたのは一部の例です。見方だけではなく、考え方に関しても、高等解説では、多くの具体例が示されています。

③国語科の学習で働かせる「見方・考え方」の整理

学習指導要領から捉えた「見方」を抽出する

これまで学習指導要領解説からピックアップしてきた見方のうち、ある程度の具体性があるものをさらに抽出し、校種別にまとめました。実際に授業にかける際には発達段階を考慮する必要は当然ありますが、わかりやすく、質の高い授業を目指すには、校種を越えて具体を多く知っておくことが大切です。

まず、小学校解説からです。

1、2年「事物や体験したことを表す言葉」「事柄の順序…経験した順序、物を作ったり作業したりする手順、事物や対象を説明する際の具体的内容の順序」

3、4年「考えとそれを支える理由、段落相互の関係…考えとそれを具体的に述べる事例、列挙された事例同士の関係」

5、6年「比喩」「反復」「倒置」「筋道の通った文章…考えと理由や事例、原因と結果、疑問と解決」

続いて、中学校解説からです。

1年「事象や行為、心情を表す語句…動詞、形容詞、形容動詞、名詞、副詞」「表現の工夫…話す速度、音量、言葉の調子、間の取り方」「表現の効果…言葉遣い、簡潔な述べ方と詳細な述べ方、断定的な述べ方と婉曲な述べ方、敬体と常体、和文調の文体と漢文調の文体、描写の仕方や比喩」

2年「表現の工夫…説明や具体例、事物の描写の仕方、表現の技法、文末表現、敬語などの語句の用法」

3年「表現の仕方の評価…話の構成、論理の展開、語句や文の使い方、声の出し方、言葉遣い、資料や機器の活用の仕方」「表現の仕方…説明的な文章での中心的な部分と付加的な部分との関係、事実と意見との関係、文学的な文章での描写の仕方や比喩などの表現の技法」

最後に、高等学校解説からです。

文学国語「内容や構成、展開、描写の仕方を捉える視点…その作品や文章の文体上の特色や工夫、比喩、擬音語・擬態語、押韻、繰り返し使われている言葉」

高等学校の視点は、小学校低学年でも十分使えます。

学習指導要領から捉えた「考え方」を抽出する

次に、考え方について見ていきます。まず、小学校解説からです。

1、2年の「情報の扱い方に関する事項」には「共通、相違、事柄の順序など情報と情報との関係について理解すること」とありました。本書では「共通、相違、事柄の順序」の判断のために「比較」思考があることを指摘しました。この他に「思考力・判断力・表現力」からは「具体化」「定義」「類推」（同化）思考を見つけることができます。

3、4年の「情報の扱い方に関する事項」には「比較」「分類」が記載されていました。「思考力・判断力・表現力」からは「帰納」思考を見つけることができました。さらに、「読むこと」にある「登場人物の気持ちの変化」を想像するためには、人物がなぜその行動をしたのかを解釈する「因果」思考も必要になるでしょう。

5、6年の「情報の扱い方に関する事項」には「因果」「具体化」「抽象化」「類推」「定義」を見つけることができました。「思考力・判断力・表現力」からは「論証の型」を見つけることができました。

　続いて中学校解説ですが、１年は小学校高学年と同様の内容です。２、３年になると、「情報の扱い方に関する事項」に「具体と抽象」が記載されます。

　最後に高等学校解説です。論理国語の「情報の扱い方に関する事項」に推論の仕方として「演繹的な推論」「帰納」「類推」「仮説形成」が見られます。

　以上を表にまとめると、左のようになります（下の校種、学年で働かせる思考が上の校種で改めて記載されている場合、上の校種での記載を省略しています）。なお、「論証」の型については、その中の「理由付け」の箇所に多様な概念的思考が含まれることから、ここでは、考え方の類型の１つとしては位置づけていません。

	思考の型
小学校 1、2年	比較 具体化 定義 類推 （同化）
小学校 3、4年	1、2年 に加えて 分類 帰納 因果
小学校 5、6年	3、4年 に加えて 抽象化
中学校	小学校で 学んだ 思考
高等学校	小学校 中学校に 加えて 演繹 仮説形成

国語科教育の研究、実践に見る発達段階に応じた「考え方」

これまで、学習指導要領に沿って、言葉による見方・考え方の具体を見てきました。

ここでは発達段階に応じた考え方について先行研究を見ていきます。

小田迪夫氏（1996）は、「論理的思考」について、次の14を具体的に示しています。

1 事象の時間的空間的順序性、秩序性をとらえる思考
2 対比的表現において差異性を見出す思考
3 並立、列挙の表現において、共通性や類似性を見出す思考
4 事象と事由の関係をとらえる思考
5 事象の推移や変化に発展性や法則性を見出す思考
6 類比、分類によって差異性、共通性を見出す思考
7 帰納的に個別のそれぞれから共通性を見出す思考

8　演繹的に共通性をそれぞれの個別性に及ぼして認める思考
9　原因と結果、前提と帰結の関係をとらえる思考
10　物事の成り立つ条件をとらえる思考
11　類推によって物事を想定する思考
12　仮定推理によって蓋然的に判断する思考
13　仮説を立て、それを証明（論証・実証）する思考
14　物事の相関的な関係をとらえる思考

ここでは1～4が低学年から、5～9が中学年から、10～14が高学年において、より強く求められる思考の型であると述べられています。

学習指導要領の言葉に合わせ大まかに言えば、「比較」が低学年、「分類」「帰納」「定義」が中学年、「類推」「仮説形成」が高学年と捉えられます。

論理的思考の発達に関しては、櫻本明美氏をはじめ他の先行研究を参照するとおおむね「比較」から「因果」「分類」と進み「演繹」に至ることが見て取れます。

発達段階に応じた「考え方」の提案

学習指導要領および解説から見える学年段階ごとの論理的思考、先行研究から見える学年段階ごとの論理的思考を見てきました。

それらの共通点などから、発達段階に応じた考え方をまとめていきます。学習指導要領および解説から見える学年段階ごとの論理的思考は次のようになっていました。

	思考の型
小学校1、2年	比較 具体化 定義 類推 （同化）
小学校3、4年	1、2年に加えて 分類 帰納 因果
小学校5、6年	3、4年に加えて 抽象化
中学校	小学校で学んだ思考
高等学校	小学校中学校に加えて 演繹 仮説形成

小田迪夫氏のまとめでは、「比較」が低学年、「分類」「帰納」「定義」「因果」が中学年、

「類推」「仮説形成」が高学年となっていました。櫻本氏らの先行研究を参照すると、おおむね「比較」から「因果」「分類」と進み「演繹」に至るとなっていました。

小田氏は「定義」思考を中学年に位置づけていますが、低学年の学習者でも、「きまり」に沿って判断することは可能でしょう。また例えば、物語の登場人物の気持ちを、自分の体験から「類推」する思考も低学年から可能でしょう。仮説に基づき、実証していく思考や「演繹」的思考は、中学生になって理科の学習を行ったり、数学の学習を行ったりする中で働かせることが可能です。

以上のことを基にすると、発達段階に応じて学習者が働かせることが可能な考え方は、次のように設定することができます。

	思考の型
低学年	比較 具体化 定義 類推 （同化）
中学年	低学年に 加えて 分類 帰納 因果
高学年	中学年に 加えて 抽象化
中学校	小学校で 学んだ思考 仮説形成 演繹
高等学校	小学校 中学校で 学んだ思考

「読むこと」で働かせる「見方」の整理と提案

ここではまず、国語科教育の研究、実践から「読むこと」領域の見方の手がかりを見つけていきます。そのうえで、「読むこと」領域で働かせる見方の提案をします。

鶴田清司氏（1996）は、文学的文章を解釈するための言語技術を、次のようにまとめています。鶴田氏は、5つの見方とその具体を述べています。

①構成をとらえる技術
・題名の意味を考える／設定（時・場・人物）を明らかにする他

②表現をとらえる技術
・類比（反復）と対比の関係をとらえる。／イメージ語（視覚イメージ語、聴覚イメージ語、嗅覚イメージ語、味覚イメージ語、触覚イメージ語）、色彩語、比喩（直喩、暗喩、擬人法、換喩）、声喩（オノマトペ）、象徴（暗示）、倒置法、省略法、誇張法、緩叙法等の効果を明らかにする　他

③視点をとらえる技術
・作者と話者（語り手）を区別する。／内の目（主観視点）と外の目（客観視点）を区別する。／視点人物と対象人物、視点の転換　他
④人物をとらえる技術
・中心人物（主役と対役）をとらえる。／人物の姓名・呼称の意味を考える。他
⑤文体をとらえる技術
・話者の語り口の特徴をとらえる。／文末表現、余情表現、常体と敬体、文の長さなどの効果を明らかにする。　他

学習指導要領および解説からは「比喩」「反復」「倒置」（以上、小学校）、「事象や行為、心情を表す語句…動詞、形容詞、形容動詞、名詞、副詞」「表現の効果…言葉遣い、簡潔な述べ方と詳細な述べ方、断定的な述べ方と婉曲な述べ方、敬体と常体、和文調の文体と漢文調の文体、描写の仕方や比喩」（以上、中学校）、「内容や構成、展開、描写の仕方を捉える視点…その作品や文章の文体上の特色や工夫、比喩、擬音語・擬態語、押韻、繰り返し使われている言葉」（以上　高等学校）を見方の具体として見つけることができまし

た。これらの学習指導要領および解説から取り出したものは、基本的に鶴田氏の5つの見方で整理することができます。ただし、中学校学習指導要領にあった「動詞、形容詞、形容動詞、名詞、副詞」を入れる箇所は鶴田氏の整理にうまく合わせることができません。

そこで、学習指導要領および解説にあげられている言葉や、鶴田氏が示した見方を参考にして、文学的文章を読み取る際、働かせる見方を次のように提案します。

場面構成から文法まで大まかな見方を6つあげ、それぞれの例も示しました。

①**場面構成**　時・場・人物設定
②**表現**　題名　反復表現　比喩・象徴　情景描写　色彩表現　文末表現
③**視点**　語り手はだれに寄り添っているか
④**人物**　様子・表情　言動　呼称　服装・小道具
⑤**文体**　敬体・常体　和文調・漢文調
⑥**文法**　修飾語・接続語　副詞・形容詞・感動詞　助詞・助動詞・補助動詞　動詞

注意点は、1つの言葉が複数の見方に該当する場合があることです。例えば、『くじらぐも』（小学1年）に登場する「天までとどけ、一、二、三」という表現は繰り返し登場するので「反復」と見ることもできますし、「天までとどけ」が命令形で書かれていることから「文末表現」に目をつけ、学習者たちの気持ちを想像することもできます。

反復に目をつけると、「天までとどけ、一、二、三」と言うごとに高まっていく学習者たちの気持ちを、文末表現に目をつけると、命令形で書かれていることから学習者たちの早く雲の上に行きたいという気持ちを、それぞれ読み取れます。

肝心なことは、どんな見方を働かせているのかを教師が意識し、学習者の発達段階に応じて意識づけをすることです。また、1つの言葉でも見方を変えることにより様々な解釈ができることに気づかせていくことも学習者の読みを豊かにするためには大切なことです。


説明文の見方も文学的文章に準じると次のようになります。

①**構成**　問い　話題　答え　具体例　主張
②**表現**　題名　反復表現　比喩　文末表現
③**文法**　指示語・接続語　副詞・形容詞　助詞・助動詞・補助動詞　動詞

気をつけたいのは、指示語、接続語や文末表現を頼りにし過ぎないことです。内容を読み取るための指標として活用するよう意識づけすることが必要です。

「話すこと・聞くこと」「書くこと」で働かせる「見方」のポイント

「話すこと・聞くこと」「書くこと」で働かせる見方のポイントについて見ていきます。この2つの領域で学習する内容は、材料を集め、組み立て、表現するという流れはおおよそ同じなので、ここでは2つの領域をあわせて話を進めていきます。

まず大切なのは、学習指導要領解説でも見たように、何のために伝え合うのかといった「目的」です。また、どのような相手と伝え合うのかといった「相手」も大切な見方になります。さらに、どのような場面や状況で、どのような方法で伝え合うのか、そして、どこまで達成できたら満足するレベルになるのかといった「場・状況」「方法」「評価」を加えた5つの見方を学習者が備えていることが、「話すこと・聞くこと」「書くこと」の学習を充実させるためには欠かせません。

「話すこと・聞くこと」や「書くこと」など、表現することを主とした学習では、目的や相手が明確になることによって、学習者は必要感をもち、積極的に活動することにつながります。また、目的や相手が明確になることにより、どんな情報を集めたらよいか、どのように構成し、どのような言葉を使ったらわかりやすいかといった、単元全体を通した見方が定まります。例えば、小学6年生の学習者が、修学旅行で体験したこと、感じたことについて、「自分と一緒に修学旅行に行っていない保護者に、まるで旅行に行ったような気持になってもらう」という相手・目的意識をもつのと、「来年修学旅行に行く5年生に、各見学場所の見どころや注意事項を理解してもらう」という相手・目的意識をもつのでは、情報収集の内容や構成、言葉づかいなどが大きく違います。

「話すこと・聞くこと」「書くこと」には、つくったものを発表したり聞いたりする、考えたことを話し合うといった活動が伴います。そこで大切になるのが、「場・状況」「方法」の見方です。修学旅行スピーチをつくったとすると、それは体育館で発表するのか、教室で発表するのか、時間は何分くらいかといったことや、どのような資料を使ってどのような構成で発表するのかを学習者が具体的にイメージできることが必要になります。そのうえで、どの程度までできたら学習者自身にとって満足できるものなのかの認識が大切になります。「ここまではがんばる」ということを自分で決めることにより、学習者は活動に対する責任をもつことができます。

そして、教師側が5つの見方を意識して構想した単元内容は、学習者と共有する必要があります。最も効果的な方法は、単元導入時にモデルを見せることです。教師が作成したスピーチやインタビュー、話し合い、リーフレット、意見文、小論文などを学習者に見せたり、聞かせたり、読ませたりします。すると、学習者は完成イメージをはっきりもつことができます。この際大切なことが2つあります。1つは、モデルを見せる前に学習の目的を明確にし、学習者に関心や意欲をもたせることです。もう1つは、いわゆるA評価にあたるモデルとB評価にあたるモデルを見せ、学習者に自己決定させることです。

単元を組むときにはこれらの5つの見方をベースに置いたうえで、各指導事項と単元の話題に沿い、主として「言葉の働き」による見方を設定していきます。大まかに言えば、情報収集・内容の検討、構成段階では「言葉の働き」の「認識や思考を支える働き」の見方により、「対象を認識し、言語化し、配列」していきます。

発表を考える場合には「言葉そのものを認識したり説明したりすることを可能にする働き」の見方により、相手に伝わりやすい言葉を選択していきます。インタビューや話し合いの際には「自己と他者の相互理解を深める働き」の見方により、適切な言葉を選択していきます。

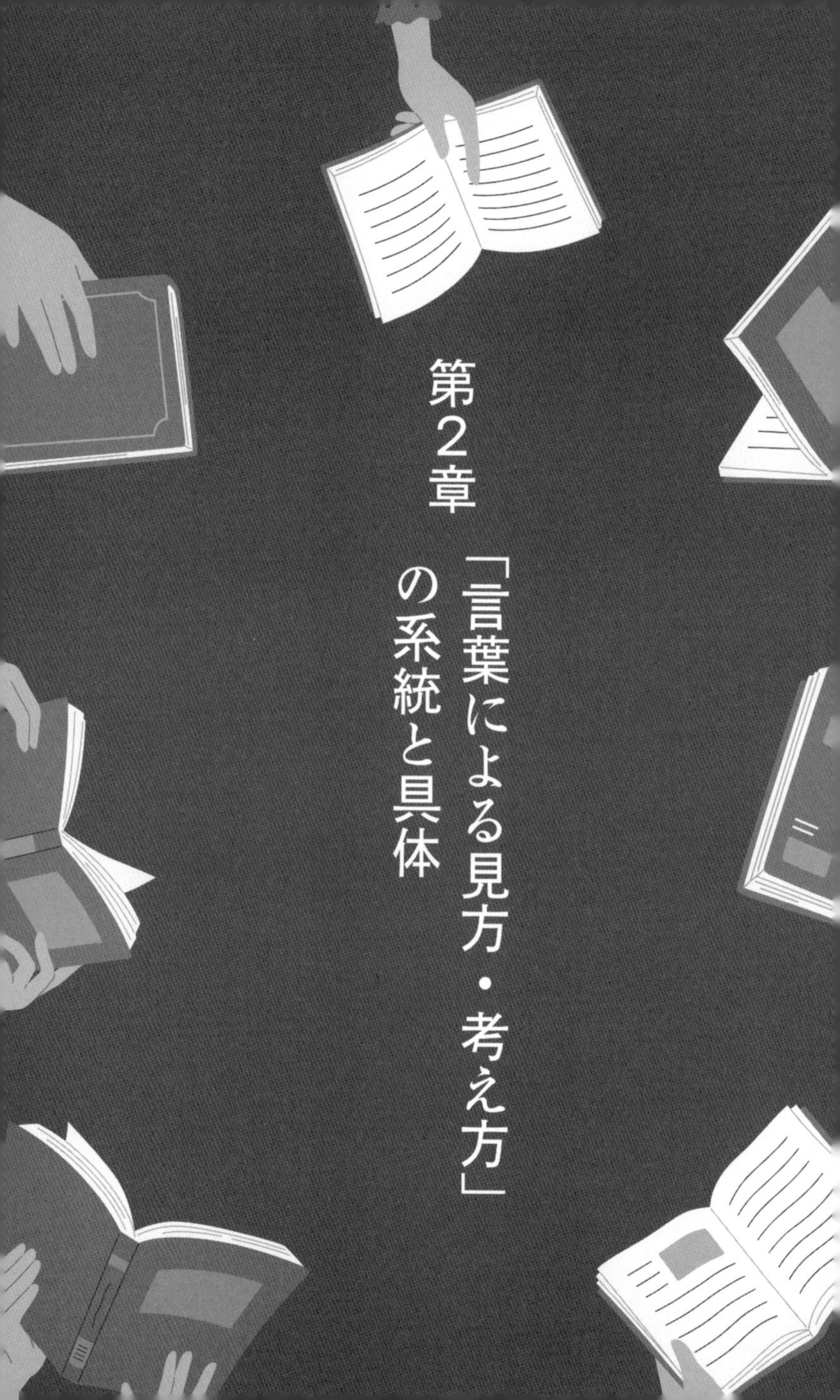

第2章　「言葉による見方・考え方」の系統と具体

発達段階に応じた「言葉による見方・考え方」の具体

小学校低学年の物語

変化しない反復表現の周辺×比較（『おおきなかぶ』小学1年）

本章では、問題を解決していく中で見方・考え方を働かせるための具体的な投げかけや学習者の姿を示していきます。説明中の図解は、1段目が働かせる見方・考え方、2段目が学習者への「問い」、3段目が「問い」とあわせて共有する見方・考え方の具体、そしてその下が切り出した場面で構成しています。

物語には反復表現が多く登場しますが、「変化しない反復表現」と「変化する反復表現」があります。変化しない反復表現とは『くじらぐも』の「天までとどけ一、二、三」のように、同じ言葉が繰り返されるものです。**変化しない反復表現は、その周辺の言葉に着目**

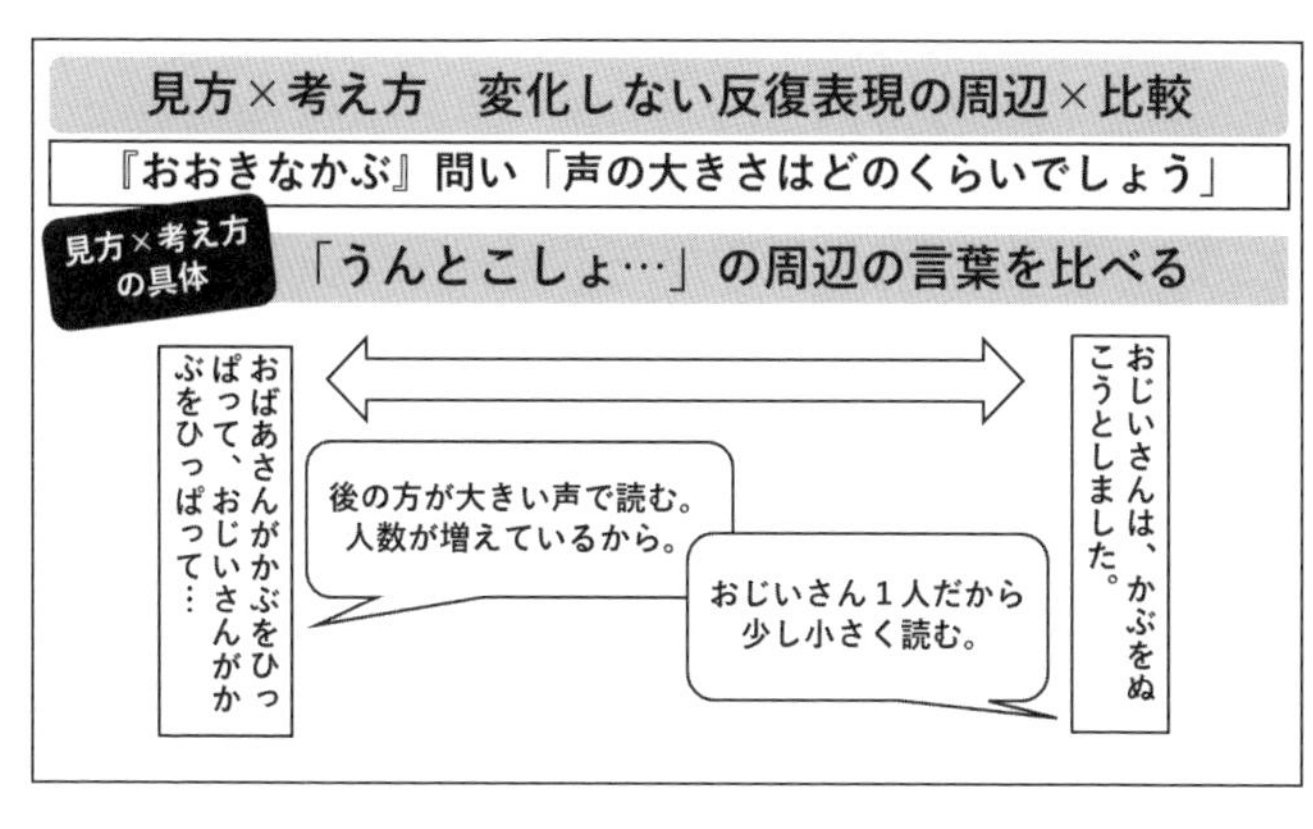

し、違いを比べることで、場面の様子、登場人物の行動や気持ちを具体的に想像することができます。

『おおきなかぶ』では、「うんとこしょ、どっこいしょ」が変化しない反復表現です。かぶを抜く人物は増えていき、かぶを抜こうとするときは毎回全員で「うんとこしょ…」とかけ声をかけます。人数が増えるたび、「うんとこしょ…」の声量は変化するでしょう。その場面の様子を具体的に想像させるために、「うんとこしょ…」の周辺の言葉を比べさせます。すると、1回目の「うんとこしょ…」はおじいさん単独、2回目はおじいさんとおばあさんの2人ということが見えてきます。そのうえで、1回目と2回目の「うんとこしょ…」の読み声の大きさを検討させ、理由を尋ねます。学習者は「2回目の方が人数が増えているから大きな声で読む」などと言うでしょう。

変化する反復表現×比較（『スイミー』小学1、2年）

続いて、「変化する」反復表現について見ていきます。

物語や小説では、変化しない反復表現に比べて、変化する反復表現の方が多く登場します。

変化しない反復表現では、反復表現周辺の言葉に目をつけて比較していくことで、登場人物の様子や気持ちの変化を読み取ることができましたが、**変化する反復表現の場合には、変化する反復表現そのものに目をつけて比較します。**

ここでは「スイミーはかんがえた。いろいろかんがえた。うんとかんがえた」の箇所について考えていきます。「かんがえた」という反復表現が、「いろいろかんがえた」「うんとかんがえた」と変化していきます。この場面は、おそろしいまぐろに1匹残らずきょうだいを食べられてしまったスイミーが、出会った小さな赤い魚たちと一緒に遊ぶためにはどうしたらよいかを考えるところです。

小さな赤い魚たちと出会う前のスイミーは、海の中でにじいろのゼリーのようなくらげ

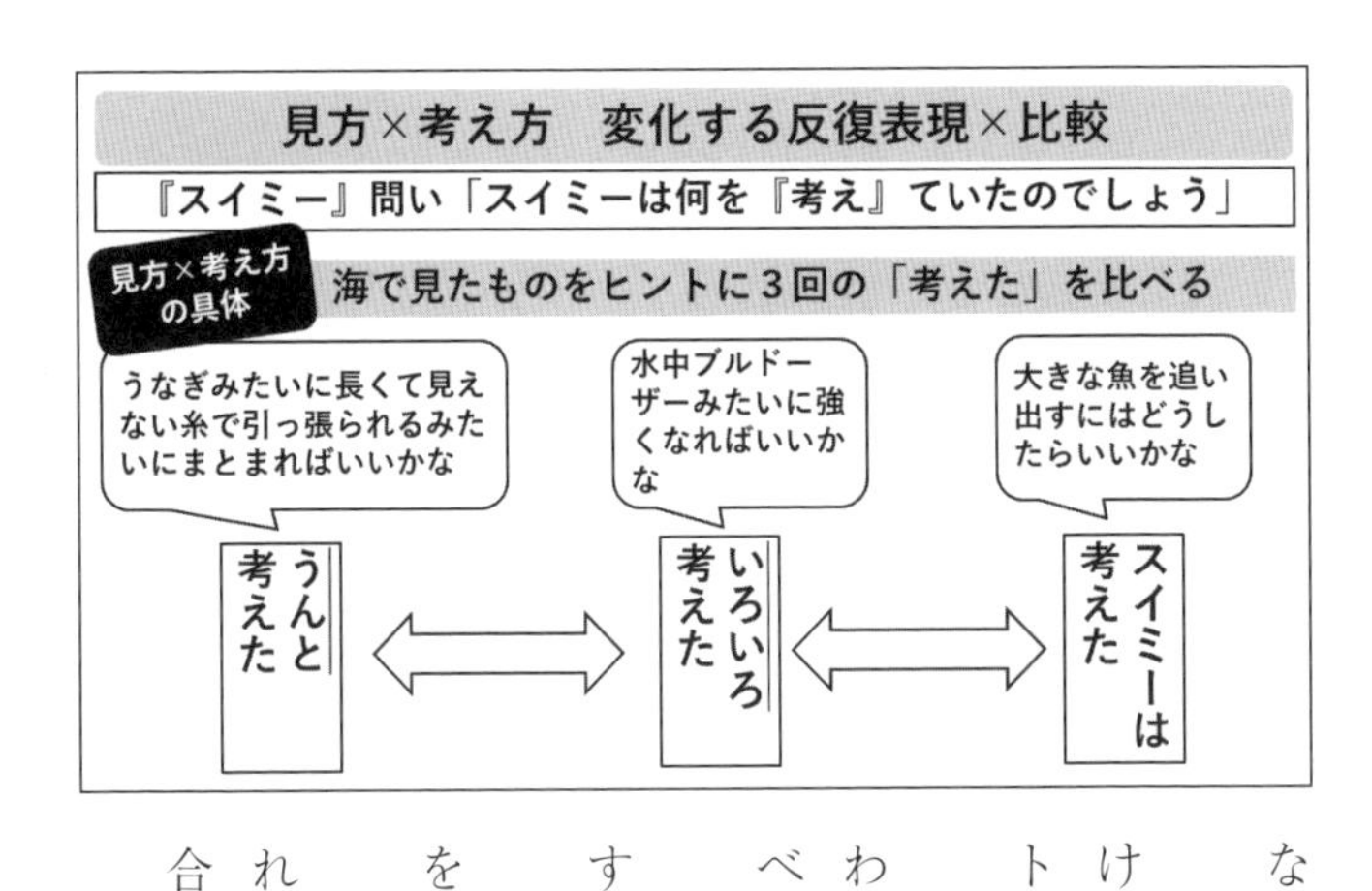

など、すばらしいものと出会っています。

すばらしいものたちは、スイミーが元気になるためだけの役割ではなく、大きなさかなを追い出すためのヒントとなる役割も果たしています。

そこで、スイミーは何を「考え」ていたかの問いとあわせて「海で見たものをヒントに3回の『考えた』を比べる」という見方・考え方を設定します。

最初の「かんがえた」ではテーマ「大きな魚を追い出すにはどうしたらいいかな」を共有します。

次に「いろいろ」と「うんと」を比較し、意味の違いを意識させます。

そして、「いろいろ」では、海で出会ったものそれぞれから得たヒント、「うんと」では出会ったものを組み合わせて得たヒントを考えさせていきます。

言動×同化（『お手紙』小学2年）

言動は、会話文などに代表される、登場人物の語ったことと行動とを合わせたものです。物語や小説の多くは、登場人物が行動し、別の人物と会話をして展開していくものですので、言動は、教材文中に山ほどあります。

言動は、大きく2つに分けることができます。1つは、**直接気持ちが書かれているところ**です。『お手紙』で言えば、かたつむりくんが運んでくる手紙を玄関で待つかえるくんとがまくんの「ふたりとも、とてもしあわせな気もちで、そこにすわっていました」という行動描写には「しあわせな気もち」とずばり書いてあります。もう1つは、**直接気持ちが書かれていないところ**です。例えば、がまくんに宛てた手紙を書いたかえるくんが家を出るときの行動は「かえるくんは、家からとび出しました」と書かれています。ここには、がまくんを心配する気持ちや手紙を早く届けたいと急いでいる気持ちは直接書かれていません。このように言動や様子が書かれていても気持ちが直接書かれていない箇所は一般に「空所」と呼ばれ、解釈の深まりや広がりが期待される箇所です。

物語や小説の解釈を行う授業では、よく使われる発問が2つあります。1つは、どのよ

見方×考え方　言動×同化
『お手紙』問い「『とてもいいお手紙だ』の後の心の声は?」
見方×考え方の具体　お手紙に書いてあったことに目をつけて、がまくんになったつもりになる

親愛なるがまがえるくん。ぼくは、きみがぼくの親友であることをうれしく思っています。きみの親友　かえる。

＝

僕も友だちから「親友」と思ってもらえたらうれしいから。

ぼくのことを「親友」と思ってくれているのがうれしいよ。

うな程度や状態、つまり**How を問う発問**です。もう1つは、どのような理由か、つまり**Why を問う発問**です。気持ちを問う場合には、まず程度を尋ねてから理由を尋ねるという流れにすることが自然です。

理由を考える場合、最も多く使われる考え方が自分の経験を「類推」することを基にした「同化」、つまり、自分を登場人物に重ねる考え方です。

上で例示したものは、かえるくんの手紙の内容を聞いたがまくんが「とてもいいお手紙だ」と言った理由を問うものです。

「なぜ『とてもいい…』と言ったのでしょう」と問うのではなく、「とてもいいお手紙だ」と言った後の「心の声」を問うようにすることで、学習者をかえるくんに同化させやすくしています。

副詞×比較（『おとうとねずみチロ』小学1年）

物語を読み、登場人物の気持ちや様子を想像していく場合、一般的に注目していくのはストーリー、つまり、物語の筋でしょう。

例えば、『おとうとねずみチロ』なら、学習者は「おにいさんとおねえさんから、おばあちゃんからのチョッキのプレゼントはないと聞いた中心人物チロは、どうなってしまうのだろう」とチロに同化して読み進めていきます。

このように、ストーリーを追いかけて先へ先へと進む読み方は、基本的に物語を読むときには、ことさら教えなくても行えるものです。

また、このようなストーリー読みを行っている限りでは、物語の「表現」への関心は高まることはなく、むしろ、早く先を知りたい場合、邪魔なものと感じてしまいます。

しかし、表現に立ち止まり、その表現に目をつけて想像していくことにより、登場人物の気持ちはストーリー読みをしているときよりも一層実感を伴って感じられ、場面の様子も豊かに創造することができます。また、ストーリー読みしか知らない学習者にそのような表現を読み取ることの楽しさや読み方を指導することが、国語の授業を受け持つ教師の

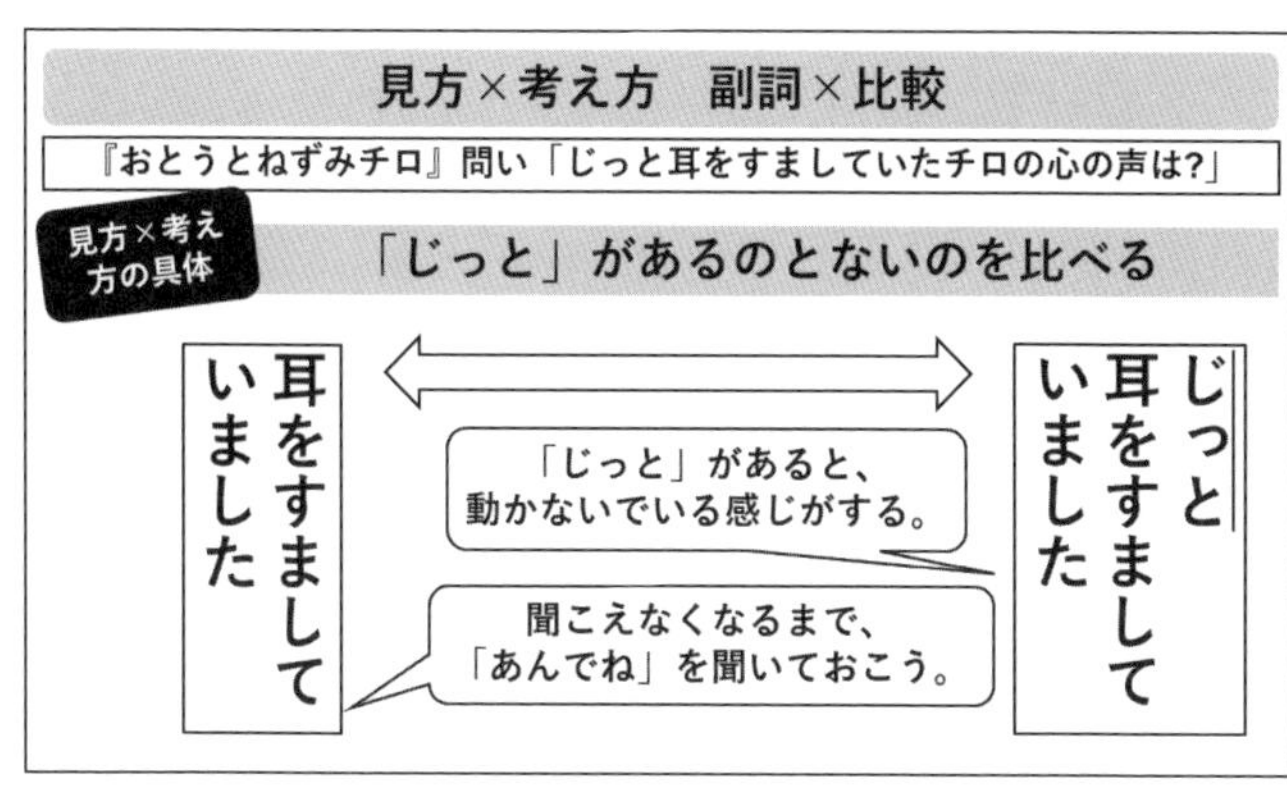

責務ともいえるでしょう。

物語にちりばめられている表現のうち、ここでは「副詞」を取り上げます。

まず、登場人物の言動を表す言葉を修飾している副詞を見つけます。ここでは、丘の木に上ったチロがおばあちゃんへの願い事を伝えた後「じっと耳をすましていました」の「じっと」に目をつけます。

そして「じっと」がない「耳をすましていました」と「じっと耳をすましていました」の違いを比較します。こうすることで、学習者は自然に「じっと」の意味を考え、チロは願い事を伝えた後、身動きせずにやまびこを聞き続けていたことを想像していきます。

ストーリー読みでは何気なく読んでいってしまう修飾語に注目し、その有無を比較してみることで、登場人物の気持ちをより鮮明に感じ取ることができます。

小学校低学年の説明文

事例×比較（『どうぶつの赤ちゃん』小学1年）

説明文の読み方は大きく分けて2つあります。

1つは、**説明文で使われている、説明する際の考え方を読み取っていくもの**です。大まかにいって、説明には、対象の似ているところを類比して説明したり、相違点を見つけ対比して説明したりするといった比較思考を用いているもの、因果律により説明するもの、抽象化された対象を具体化する、またはその反対に具体から抽象化するものがあります。教師が教材研究の際、当該の説明文の説明の考え方を把握し、それを学習者と共にトレースしていく中で、筋道立てて内容の読み取りを行うことができます。

もう1つの読み方は、**説明文の内容や書き方に対する考えをもつもの**です。評論や論説といった説明文で、筆者の考えや論の進め方に対して意見をもつという活動がそれに当たります。また、当該の説明文の説明内容や説明の際の考え方を利用して、説明文に書かれていることを取り出して自分の考えを表現するという活動もできます。

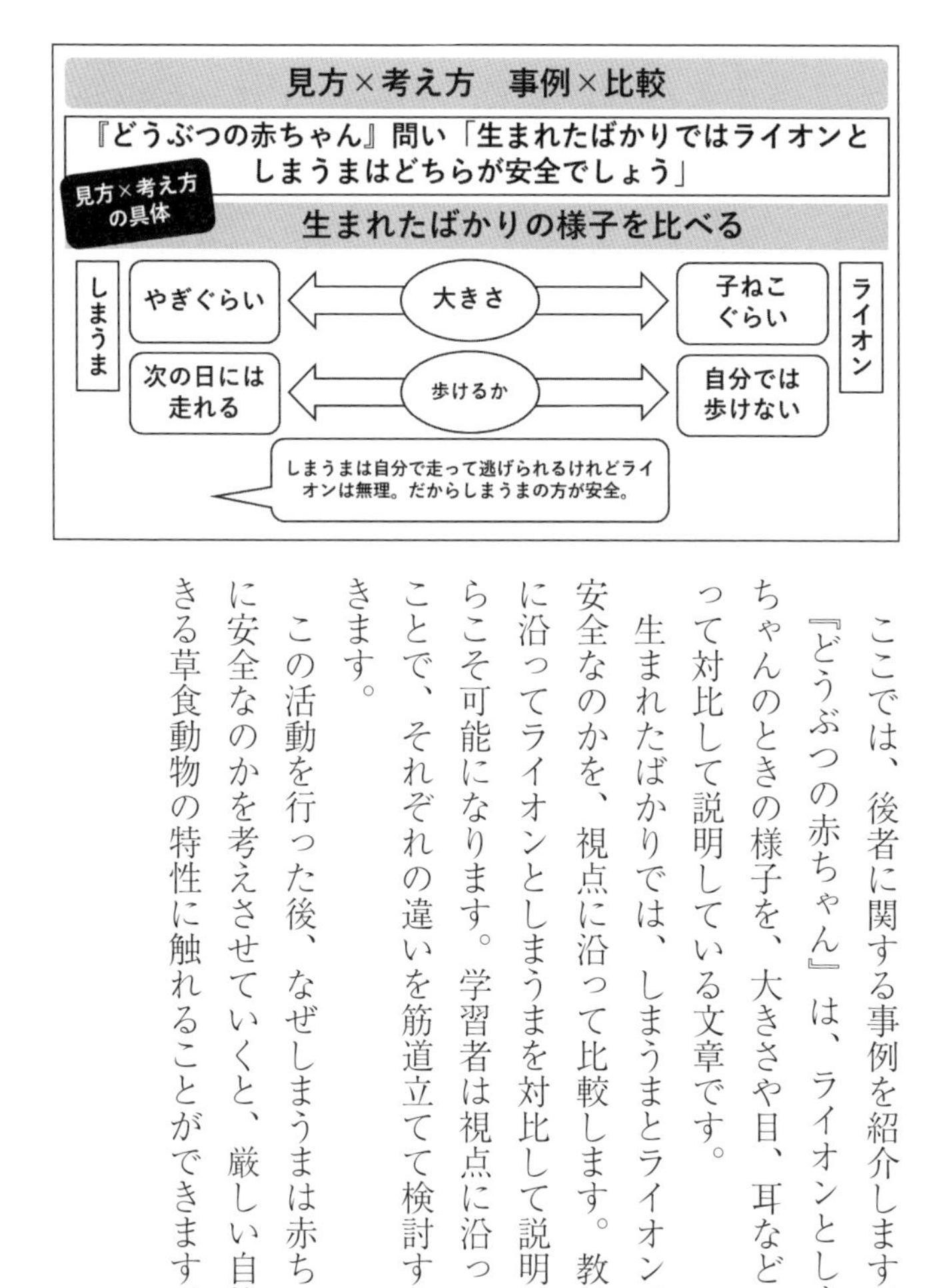

ここでは、後者に関する事例を紹介します。

『どうぶつの赤ちゃん』は、ライオンとしまうまの赤ちゃんのときの様子を、大きさや目、耳などの視点に沿って対比して説明している文章です。

生まれたばかりでは、しまうまとライオンはどちらが安全なのかを、視点に沿って比較します。教材文が視点に沿ってライオンとしまうまを対比して説明しているからこそ可能になります。学習者は視点に沿って比較することで、それぞれの違いを筋道立てて検討することができます。

この活動を行った後、なぜしまうまは赤ちゃんのときに安全なのかを考えさせていくと、厳しい自然の中で生きる草食動物の特性に触れることができます。

事例×類推（『あなのやくわり』小学2年）

ここでは、前項『どうぶつの赤ちゃん』で述べた「説明文の内容や書き方に対する考えをもつ」読み方のうち、「筆者の考えや論の進め方に対して意見をもつ」タイプの読み方について説明します。

「筆者の考えや論の進め方に対して意見をもつ」というのは、指導事項でいうと「考えの形成」に当たるものです。

『あなのやくわり』は小学2年の説明文なので、具体的な指導事項は「文章の内容と自分の体験とを結び付けて、感想をもつこと」となります。

「文章の内容と自分の体験とを結び付け」る際の考え方として、「類推」が当てはまります。「類推」とは、高等学校解説によれば「類似する点を基に推し量るような場合の推論」です。**問いに対して、対象と類似する点を基に推測して答えを導いていくもの**です。

ここでの「問い」は「あなのよさを見つけよう」とします。

「〇〇のよさを見つけよう」という問いは、他の説明文でも、教材文の内容の読み取り

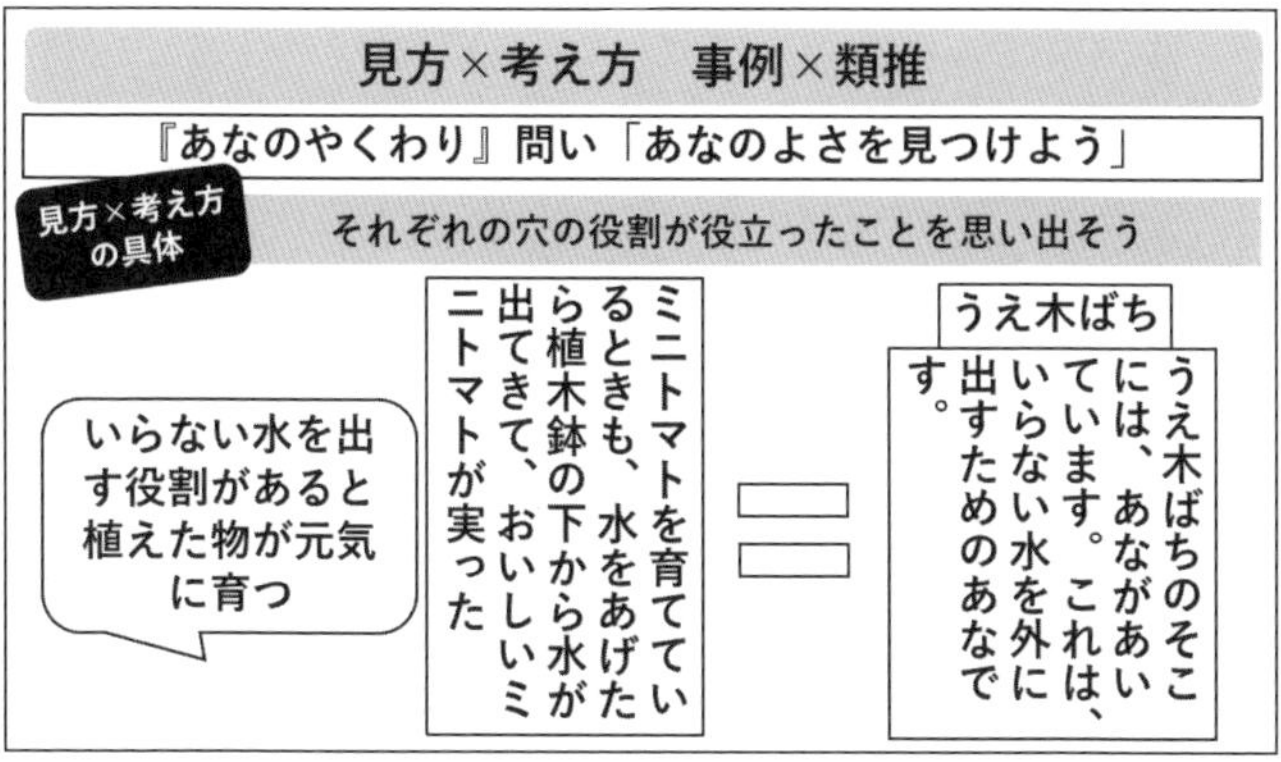

見方×考え方　事例×類推

『あなのやくわり』問い「あなのよさを見つけよう」

見方×考え方の具体　それぞれの穴の役割が役立ったことを思い出そう

うえ木ばち

うえ木ばちのそこには、あながあいています。これは、いらない水を外に出すためのあなです。

＝

ミニトマトを育てているときも、水をあげたら植木鉢の下から水が出てきて、おいしいミニトマトが実った

いらない水を出す役割があると植えた物が元気に育つ

を基にした学習者個々の考えを引き出すことのできる問いです。

この問いに対する考えをもたせるために、「それぞれの穴の役割（見方）が役立ったことを思い出そう（考え方）」という見方・考え方の具体を設定します。

こうすることで、学習者は「ミニトマトを育てているときも、水をあげたら植木鉢の下から水が出てきて、おいしいミニトマトが実った」という自分の体験を教材文の植木鉢に関する記述と結びつけて、「いらない水を外に出す役割があると、植えたものが元気に育つ」という、植木鉢の穴の役割のよさを自分の言葉で表現することができます。

小学校低学年の「話すこと・聞くこと」

対象×具体化（『すきなきょうかをはなそう』小学1年）

「話すこと・聞くこと」の学習が充実していくための大きなカギを握るのが、「情報収集」です。

情報収集で重要なことが2つあります。

1つは、**話す材料を蓄えること**です。材料がたくさんあれば、伝え合いたいことに合わせて材料を選んでいき、学習を充実させていくことができますが、材料がないとそこから先の学習がなかなか進みません。

もう1つは、**適切な考え方を働かせること**です。学習のねらいや発達段階に合わせた考え方を働かせることで、材料集めが充実します。その際、視点をはっきりさせることが必要になります。どこに目をつけて材料を集めるのかがはっきりしていることで、対象を多面的に見て、多くの材料を集めることができます。

ここでは、「好きな教科」についてスピーチをするための情報収集の段階について述べ

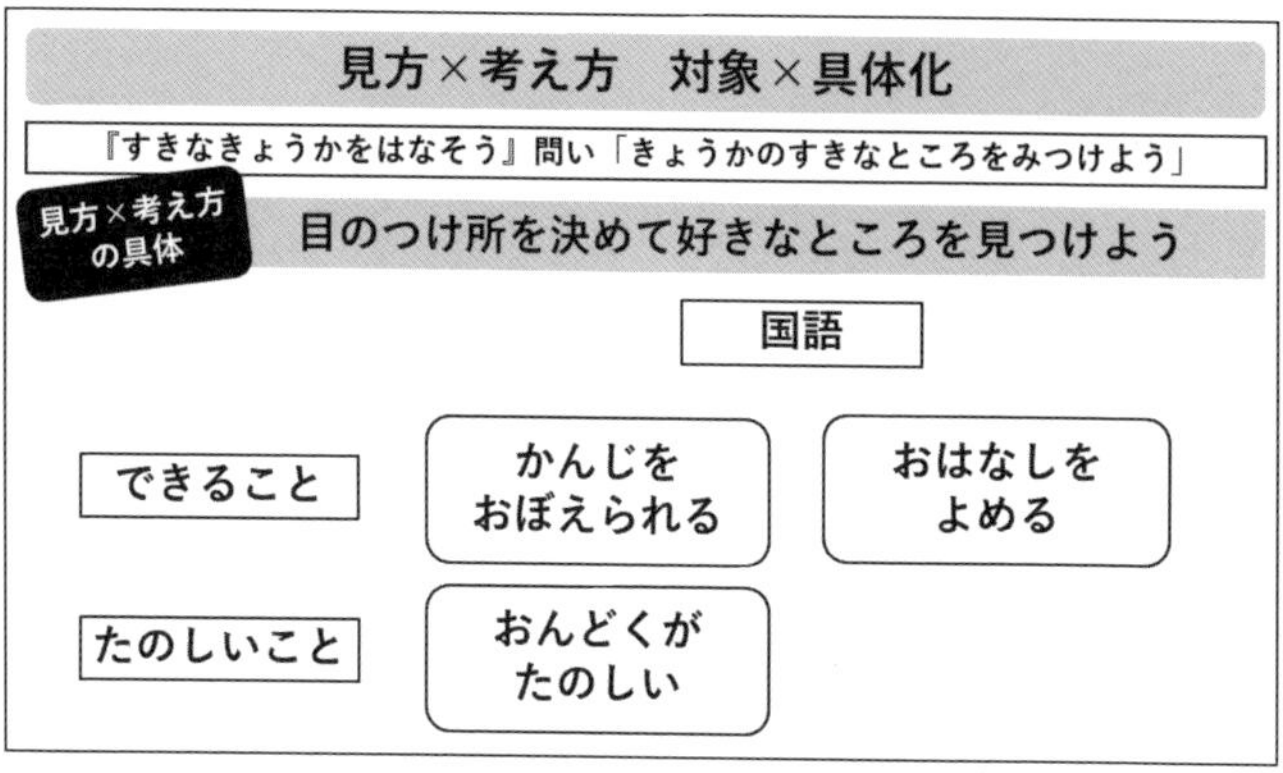

見方×考え方　対象×具体化

『すきなきょうかをはなそう』問い「きょうかのすきなところをみつけよう」

見方×考え方の具体　目のつけ所を決めて好きなところを見つけよう

国語

できること	かんじをおぼえられる	おはなしをよめる
たのしいこと	おんどくがたのしい	

ます。

情報収集をするための考え方として「具体化」を使います。発達段階としては「なぜその教科を好きなのですか」と問い、因果思考を働かせるよりも、「その教科の好きなところはどんなところですか」と問い、具体化思考を働かせる方が考えやすいでしょう。

教科の好きなところはどこかを学習者に考えさせるときには、考えるための視点が必要になります。例えば「できる」ようになったこととか、その教科を学ぶ際に「楽しい」と感じることといった目のつけ所が定まっていると考えやすくなります。

さらに、教師と学習者でモデル活動を行い、どのように考えればよいのかを具体的にイメージさせたり、隣の席の学習者から視点に沿って質問するようにしたりすると、考えやすくなります。

小学校低学年の「書くこと」

対象×比較（『くらべてつたえよう』小学２年）

「話すこと・聞くこと」領域と並んで、「書くこと」領域でも、学習を充実させていくうえで伝え合うために材料をもつことは重要です。

情報を集める際には、まず情報を集める段階を設けて、その次に、集めた情報の中から書くために必要な情報を選ぶ、という基本的な流れがあります。

ただ、情報を集める段階のときになかなか集めることができないという場合があります。その原因として、対象から必要な情報を取り出すための視点がもてないという場合があります。例えば、ミニトマトについての観察文を書くときに、漫然と対象を見ていても書くことは浮かんできません。茎の色、葉の形、実っているトマトの大きさといった視点があることにより、情報を集めることができます。

書こうとする対象の個性を引き出すという点では、１つの対象を見て、視点を設け、情報を取り出すことの他に、２つの対象を比較して情報を取り出すという方法もあります。

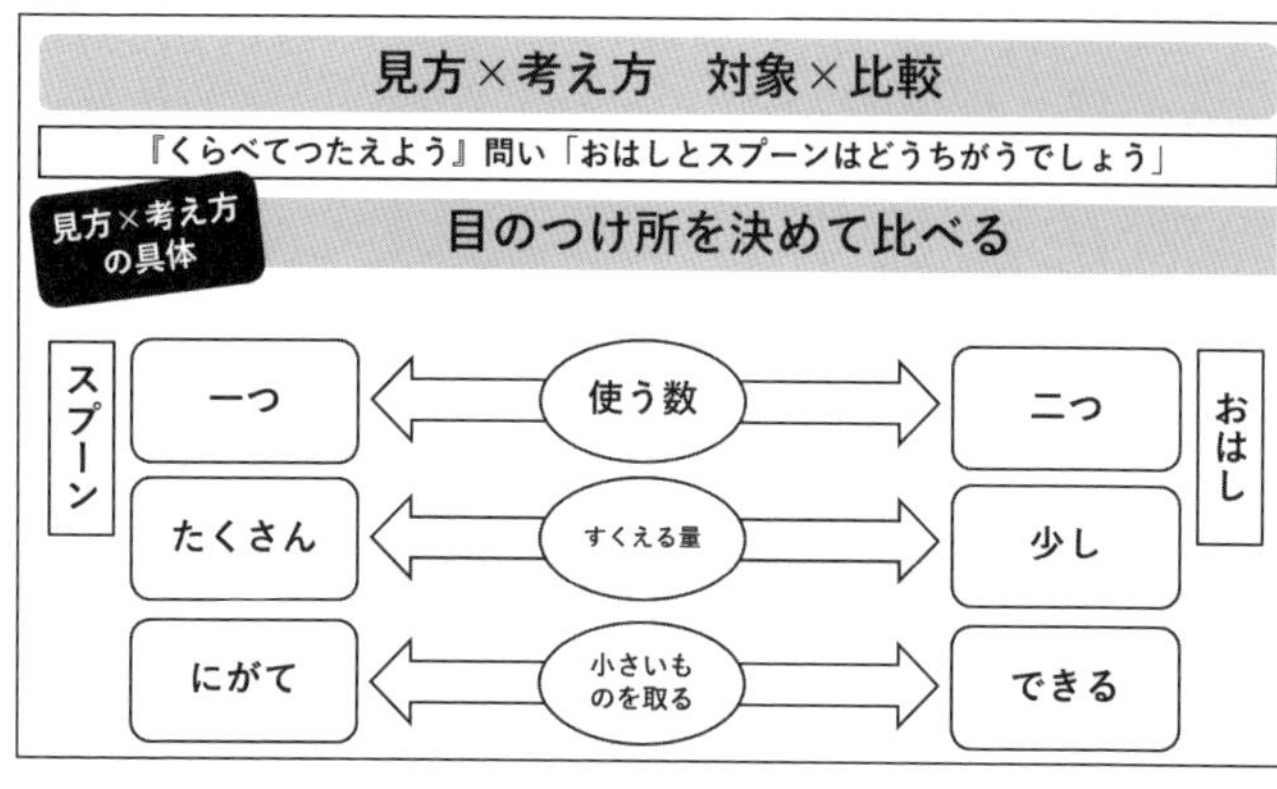

例えば、箸とスプーン。これらは両方とも料理を口へ運ぶための食器です。しかし、箸は2本を一セットにして使うのに対して、スプーンは1本で使います。形もまったく異なりますし、材料も異なります。

このように、例えば用途が同じ2つのものに着目して、それぞれの違いを比べることによって、単独の対象から情報を取り出すよりも、多くの情報を取り出すことがしやすくなります。

また、比較するためには何に着目して比較するかという「視点」が必要になります。このことについても、**取り出した情報は何についてのことかを考えてみたり、あらかじめ視点を決めて情報を取り出したりする活動を通して、視点をもつことへの感覚を育てられます。**

小学校中学年の物語

言動、様子×分類（『モチモチの木』小学3年）

物語や小説を解釈していく際の1つの楽しみ方として、登場人物の「性格」や「人物像」を想像することがあります。小学校学習指導要領では「性格」は中学年の指導事項、「人物像」は高学年の指導事項となっています。もとより、物語や小説を読むことの効果として、人間とはどのようなものなのか、人の心とはどのようなものなのかといったように、人や人の心を知るということがあります。「こんなときに、人はこんなことを思い、こう行動する」といったことを知っていくことは、物語や小説を読むときばかりではなく、他者と共に生きていく中で、より相手の心に寄り添い、よい関係を築き、豊かに生きていくことにつながるでしょう。性格や人物像を想像していくための方法の1つが、**登場人物の行動や様子に目をつけて取り出し、分類すること**です。

『モチモチの木』の中心人物である5歳の豆太は、夜になると「じさま」に連れて行ってもらわないと1人でせっちんに行けない臆病な子として設定されています。臆病な豆太

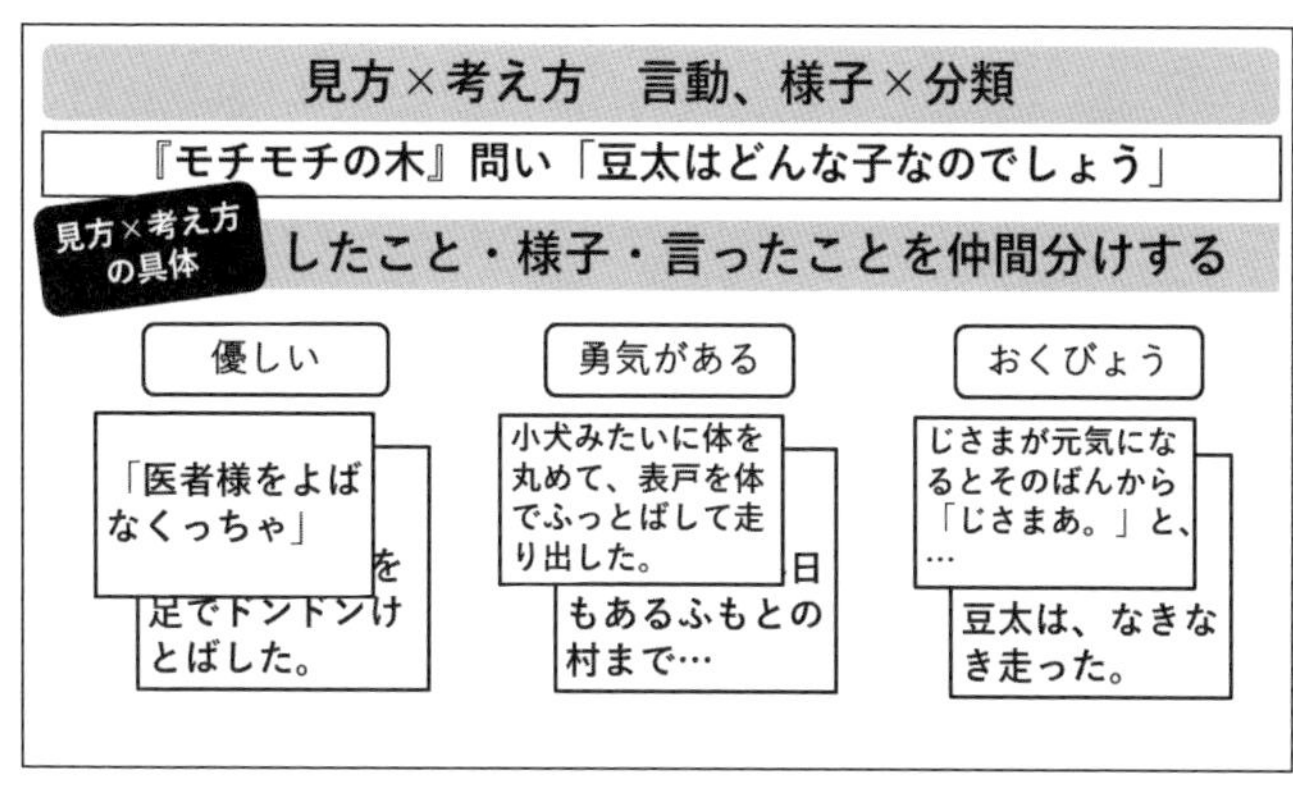

ですが、じさまが腹痛を起こしたある晩、医者様を呼ぶために、山から半道あるふもとの村に向け走ります。豆太は無事医者様を連れて来ることができ、その道中、勇気のある学習者しか見ることのできない、モチモチの木に灯がついている姿を見ます。しかし、じさまが元気になると豆太は再びじさまをしょんべんに起こします。このような物語の展開から、中心人物の豆太は、勇気のある子なのか、それとも臆病な子なのかといった疑問を多くの学習者はもちます。

そこで、豆太はどんな子なのかの手がかりになりそうな豆太の言動を取り出し、メモするよう指示します。付箋を使うとその後分類する活動を行いやすくなります。学習者は取り出した言動や様子を仲間分けして、それぞれの仲間にタイトルをつけます。そのうえで、豆太はどんな子なのかを考えさせていきます。

小道具×比較（『ごんぎつね』小学4年）

物語や小説には、小道具が登場する場合があります。

それらは、作品世界や登場人物を象徴する場合があります。

『海の命』（小学6年）で言えば、父の「もり」と「ロープ」、与吉じいさの「つり針」と「つり糸」は、2人の海への向き合い方の大きな違いを表すものです。『盆土産』（中学2年）には、「えんびフライ」や父親の被る「青いハンチング」が登場します。「えんびフライ」は、温かく、切ない作品世界を象徴するものであり、「青いハンチング」は都会に行き、何らかの変化があった父親を象徴するものです。

小道具には、一度きりしか登場しないものと、繰り返し登場するものがあります。『盆土産』で言えば、父を象徴する1つの要素である「青いハンチング」は一度きりしか登場しませんが、「えんびフライ」は繰り返し登場します。

繰り返し登場する小道具は、「えんびフライ」のように、変化しないものもありますが、変化していくものもあります。

変化していく小道具を見つけて比較することで、登場人物の様子や心情の変化を読み取

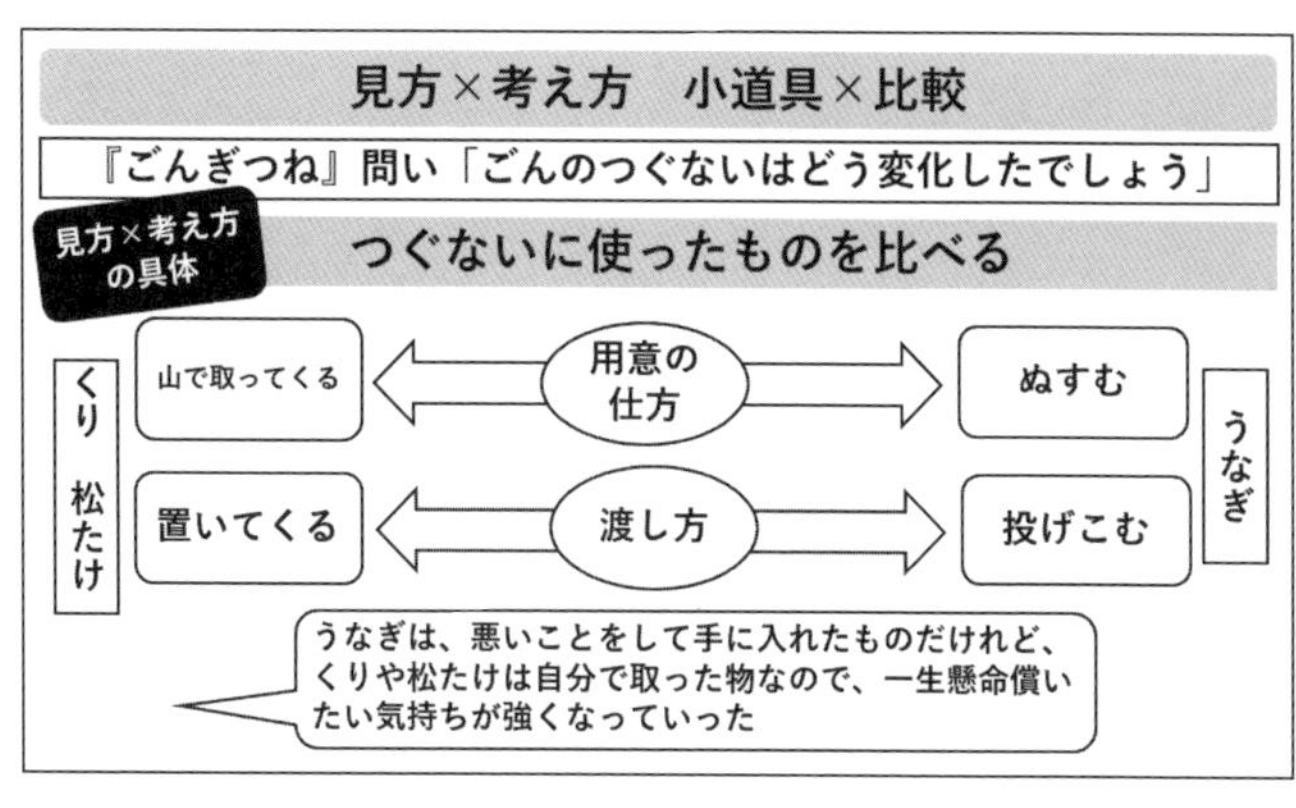

ることができます。『ごんぎつね』では、ごんがつぐないに使ったものを小道具として考えることができます。最初に使った「うなぎ」とその次の日から使った「くりや松たけ」を比較します。このとき「渡し方」など視点を決めます。すると、うなぎは「投げこむ」であるのに対して、「くりや松たけ」は「置いてくる」ことがわかり、つぐないを誠実な気持ちで行っていくように変化することを読み取ることができます。

なお、小道具は先述した文学的文章を読み取る見方でいえば「人物」の見方で括れますし、繰り返し登場することからすれば「反復」となり、「表現」の見方で括れます。言葉は多面性をもつので、こういったことが起きるのですが、読み取りに支障はありません。ただ、似たような見方をこれまで学んだかを尋ね、共通点を確認すると、学習者は整理しやすいでしょう。

小学校中学年の説明文

事例×分類（『すがたをかえる大豆』小学3年）

説明文を読むときに、説明の型を見つけると、内容の理解がとても楽になります。

説明の型には2通りの見方があります。1つは、**事柄の順序**です。説明文全体で言えば、「はじめ―なか―おわり」といった三段構成です。「はじめ」には話題や問題提起があり、「おわり」には結論があることを了解しておくと、「なか」の事例を、話題や提起された問題に沿って読み取ることができます。また、「なか」の具体的な説明も、例えば「この文章ではじめに要約が書いてあり、次にその説明がある」といった順序のパターンを理解しておくと、内容を理解しやすくなります。

説明の型のもう1つは、**説明のための論理的な思考**です。対象同士を比較して違いを浮き彫りにする、共通点を見いだす、出来事の原因を探る、事例を抽象化する、具体化するといった、筆者が用いている思考の型を理解することで、内容が読み取りやすくなります。

『すがたをかえる大豆』の本論であげられている各事例の説明の順序は、「工夫の概要↓

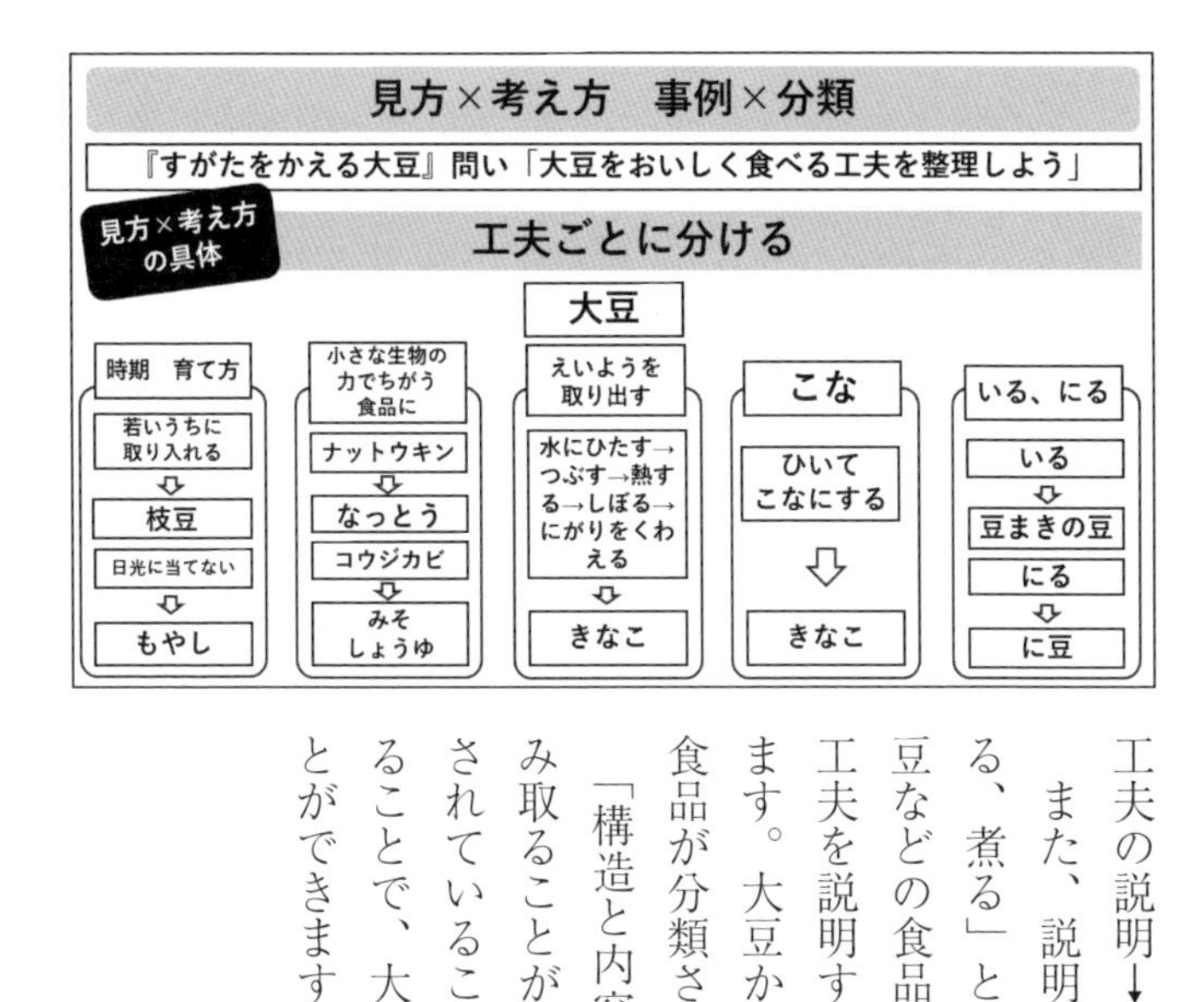

工夫の説明→食品名」となっています。

また、説明のための論理的思考は、基本的にまず「いる、煮る」という工夫をあげ、そのうえで、いり豆、に豆などの食品に至るためにどうするのかという具体的な工夫を説明するといった「具体化」の思考が使われています。大豆からできる食品ではなく、工夫によって大豆食品が分類されています。

「構造と内容の把握」の段階では、説明文を確実に読み取ることが必要ですが、工夫によって大豆食品が分類されていること、説明の順序が同じであることを活用することで、大豆をおいしく食べる工夫を整理していくことができます。

事例×因果（『カミツキガメは悪者か』小学3年）

説明文の読みのうち、構造と内容の把握の段階では、教材文で用いている説明の型に沿って内容の整理をしていくことが文章の内容理解につながりますし、説明の型を理解することによって、学習者自身の説明する力の獲得にもつながっていきます。

教材研究を行う際には、説明を進めていく順序とともに、どのような論理的思考で説明しているのかを把握していくことが必要になります。

ここでは「因果」を使った説明の型について述べていきます。

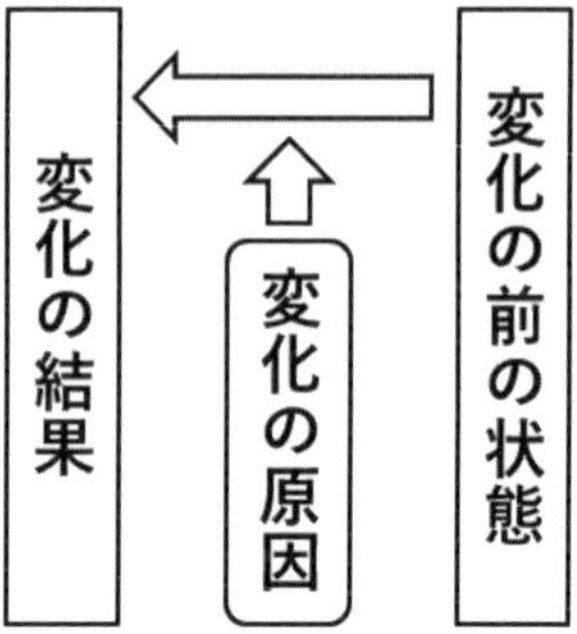

変化の前の状態 ← 変化の原因 → 変化の結果

図式化すると上の図のようになります。「変化の前の状態」が「変化の原因」によって、「変化の結果」となります。説明の中で、これらの要素が矛盾なく、過不足なく整っていることで適切な因果関係を表していると言えます。

『カミツキガメは悪者か』では、本論中で外来種であるカミツキガメをなぜ駆除しなければならないかを説明する箇所で、「因果」を使った説明がなされています。

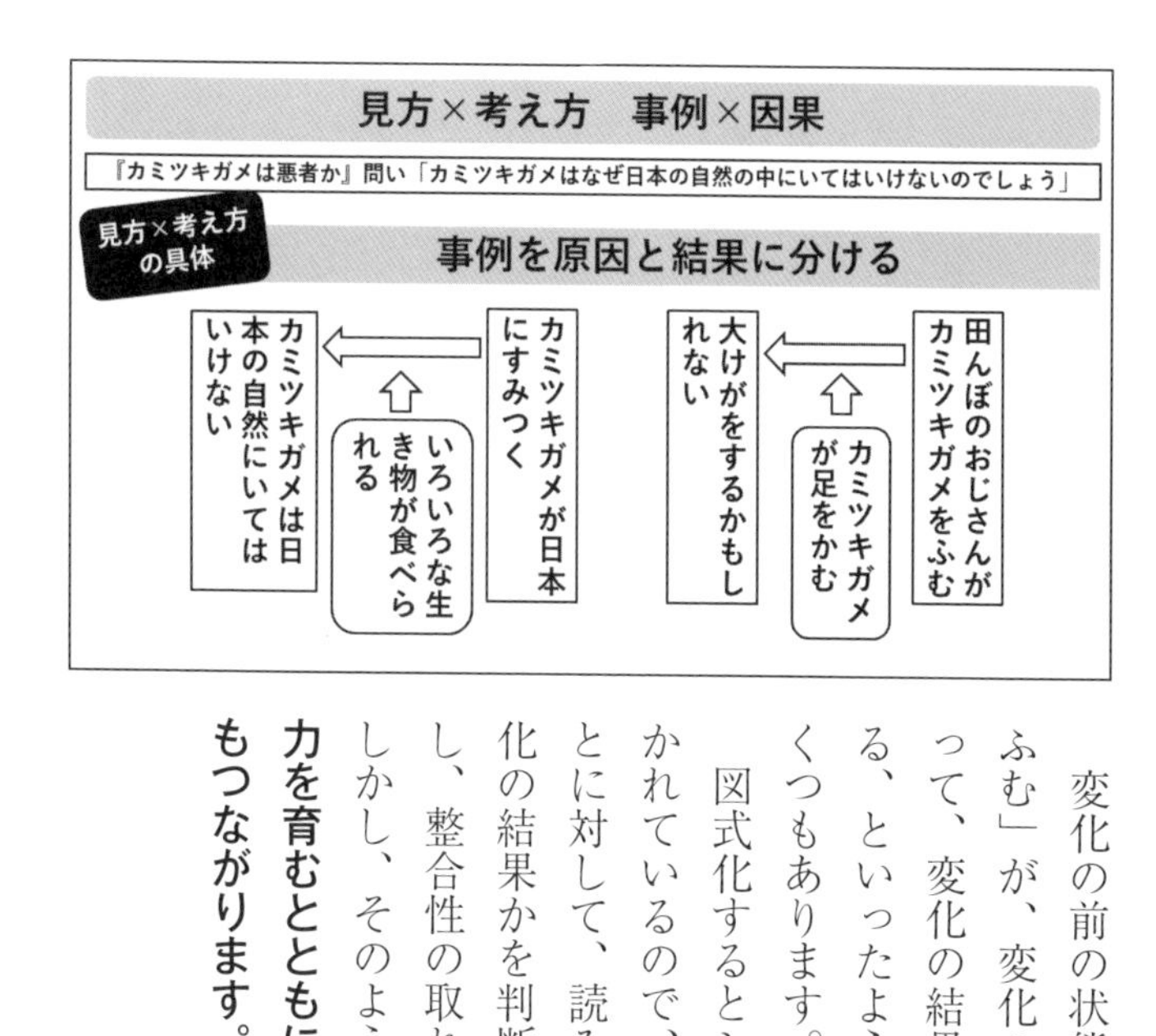

変化の前の状態「田んぼのおじさんがカミツキガメをふむ」が、変化の原因「カミツキガメが足をかむ」によって、変化の結果「大けがをするかもしれない」が起こる、といったように、因果関係がまとめられる箇所がいくつもあります。

図式化するとシンプルになりますが、教材は文章で書かれているので、ある事象などについて書かれていることに対して、読み手が、変化の前か、変化の原因か、変化の結果かを判断しながら読まないと、因果関係を把握し、整合性の取れた図にまとめていくことはできません。

しかし、そのような読み方は、**自分の表現を精緻にする力を育むとともに、論理の飛躍を見抜く力を育むことにもつながります。**

小学校中学年の「話すこと・聞くこと」

対象×分類（『グループの合い言葉を決めよう』小学3年）

話し合いの学習が充実していくために大切なポイントを4つあげます。

1つ目は、**話し合いに参加する学習者一人ひとりが自分の考えをもっていること**です。話し合うテーマに関して、即時的に考えをもつことができる学習者もいますが、自分の考えをもつまでにある程度時間を必要とする学習者も多くいます。話し合いに全員が参加するためには、話し合いに入る前に各自が意見をもつことが必要ですし、自分の意見があることで、話し合いに積極的に参加できます。

2つ目は、**話し合いの中で何ができればよいのかを具体的に示すこと**です。特に指導しなくても、学習者が積極的なら話し合いは進みます。ただ、それでは話し合いの力をつけることは難しいので、例えば「自分の考えは理由づけをする」といったことを指導します。

3つ目は、**具体的な考え方を指導すること**です。例えば、理由づけして考えを述べるときに、「比較」や「分類」などの考え方を働かせることで、当該の単元で必要な話し合う

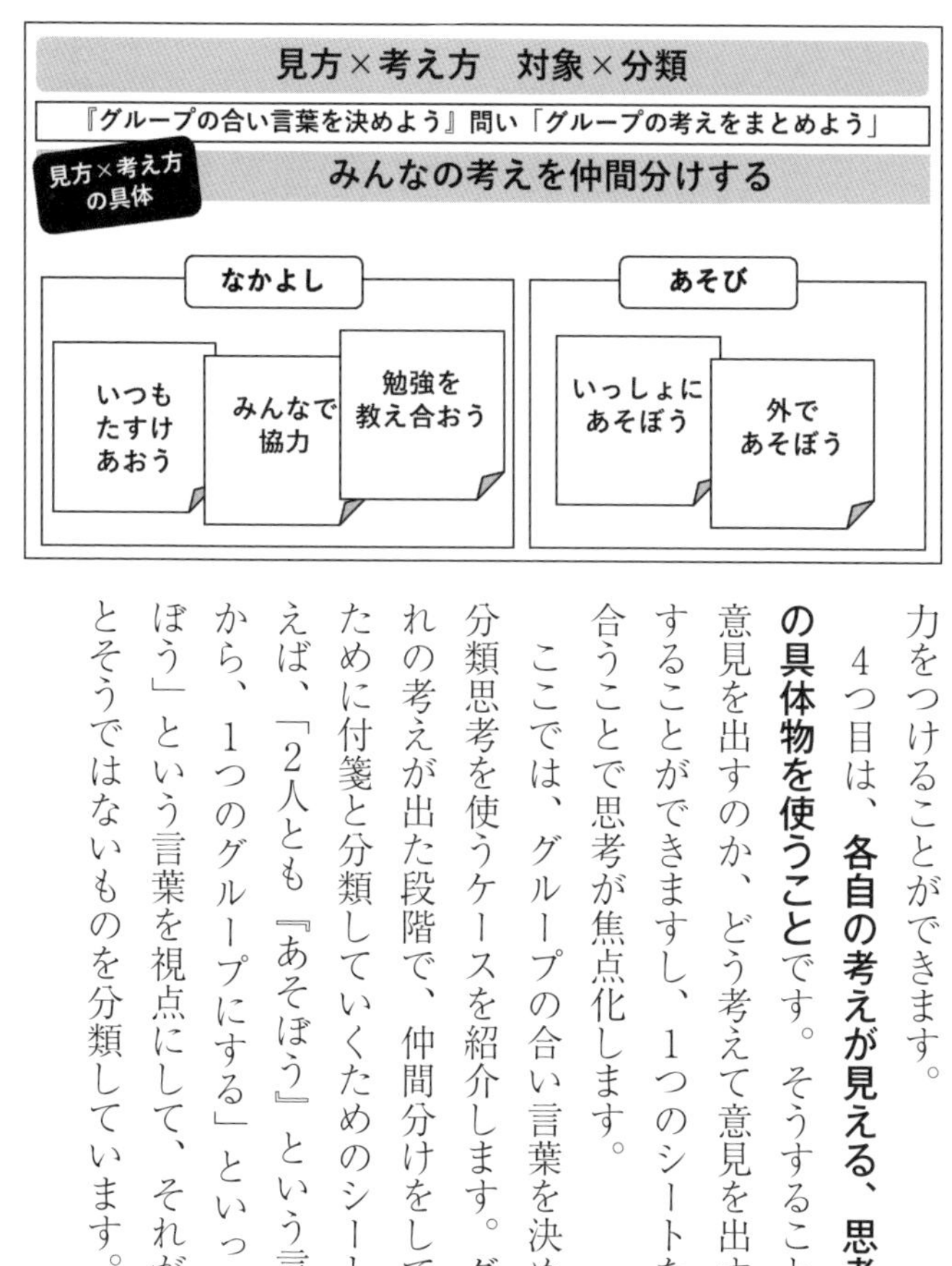

力をつけることができます。

4つ目は、**各自の考えが見える、思考を働かせるための具体物を使うこと**です。そうすることで、何に対して意見を出すのか、どう考えて意見を出すのかを共通理解することができますし、1つのシートなどを囲んで話し合うことで思考が焦点化します。

ここでは、グループの合い言葉を決める活動において、分類思考を使うケースを紹介します。グループでそれぞれの考えが出た段階で、仲間分けをしていきます。そのために付箋と分類していくためのシートを使います。例えば、「2人とも『あそぼう』という言葉が入っているから、1つのグループにする」といった意見は、「あそぼう」という言葉を視点にして、それが入っている言葉とそうではないものを分類しています。

小学校中学年の「書くこと」

対象×因果（『山場のある物語を書こう』小学4年）

物語の基本的な構造は、状況設定が示される導入場面、次いで、出来事が起きていく展開場面があり、中心人物が大きく変化する山場の場面、そして、山場のその後を描いた結末場面により成り立っています。中心人物はいくつかの場面で変化していきますが、殊に小学校の物語教材では、導入場面―展開場面でのいくつかの変化を経た後の「山場」での変化が最も大きいものが多いです。

そこで、学習者が物語づくりをしていく活動でも、山場での変化をどうするのかを想像することが必要になります。

中心人物は「変化の前」はどのような状態だったのか、変化の「原因」として、どのような出来事があったのか、そして、その「結果」どのような状態になったのかという「変化の前」「原因」「結果」の3つの内容になります。

本教材では、単元のはじめに挿絵を参考にして、いつ・どこで・どんな人物が出てきた

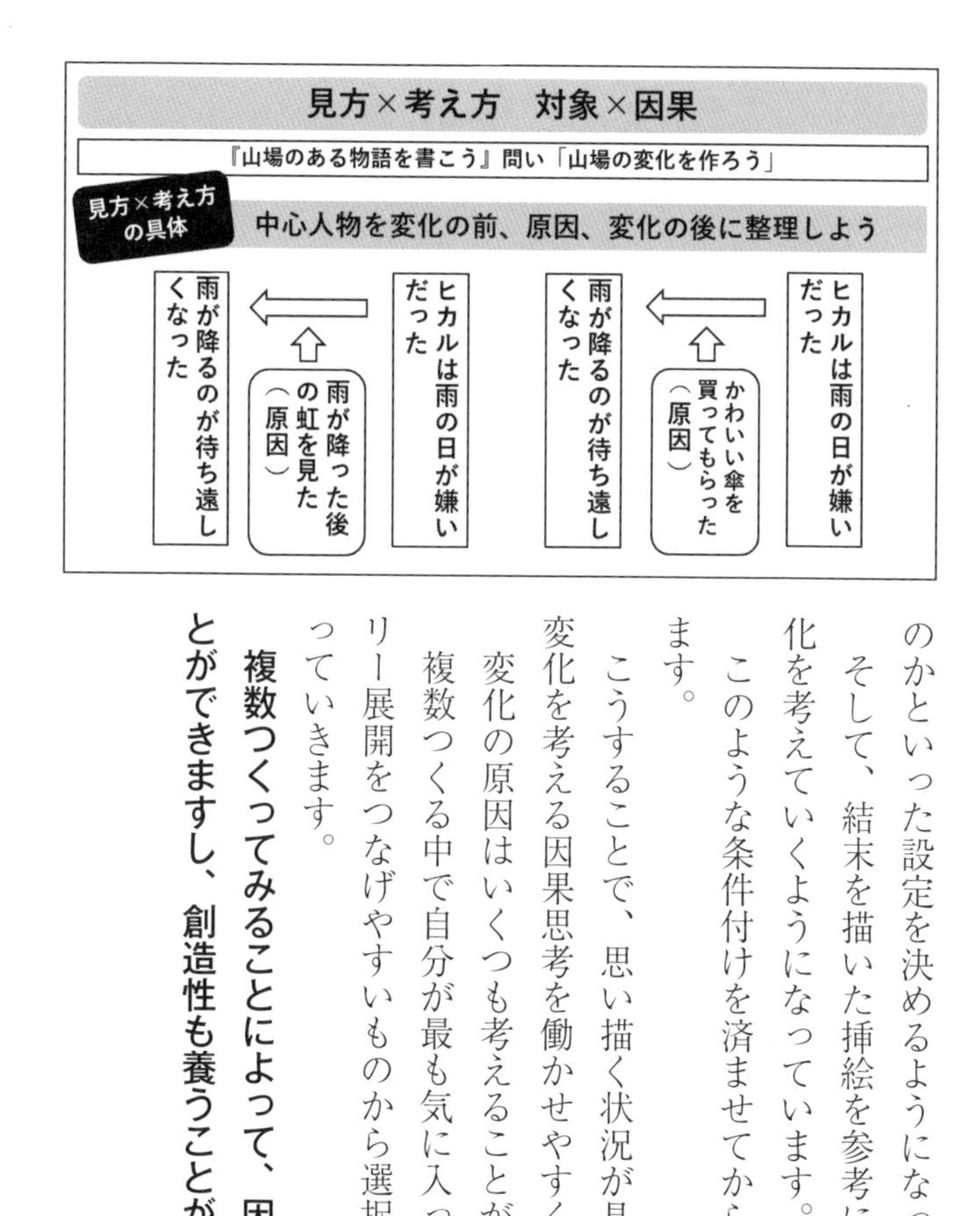

のかといった設定を決めるようになっています。

そして、結末を描いた挿絵を参考にして、山場での変化を考えていくようになっています。

このような条件付けを済ませてから山場を考えていきます。

こうすることで、思い描く状況が具体的になるので、変化を考える因果思考を働かせやすくなります。

変化の原因はいくつも考えることができます。

複数つくる中で自分が最も気に入ったものや、ストーリー展開をつなげやすいものから選択して、物語をつくっていきます。

複数つくってみることによって、因果思考を鍛えることができますし、創造性も養うことができます。

小学校高学年の物語

行動×帰納（『大造じいさんとガン』小学5年）

高学年の指導事項には、登場人物の人物像を具体的に想像することがあります。

人物像を想像するためには、**1か所の行動や言動から考えていくのではなく、複数の箇所の行動や会話、様子を表している表現を結びつけて総合的に判断していく必要があります。**

ちなみに前出の『モチモチの木』の項では豆太の「性格」について考えていく活動を示していますが、小学校解説によれば、人物像は性格や考え方などを総合して判断することが必要であると述べられているので、人物を表すときに、人物像の方が、性格よりも広い捉えであると言えます。

複数の叙述を結びつけていくために用いるのが「帰納」的思考です。これは、複数の事柄を取り出し、それらの共通点から主張を導き出していくものです。

『大造じいさんとガン』の大造じいさんの人物像を考えてみます。

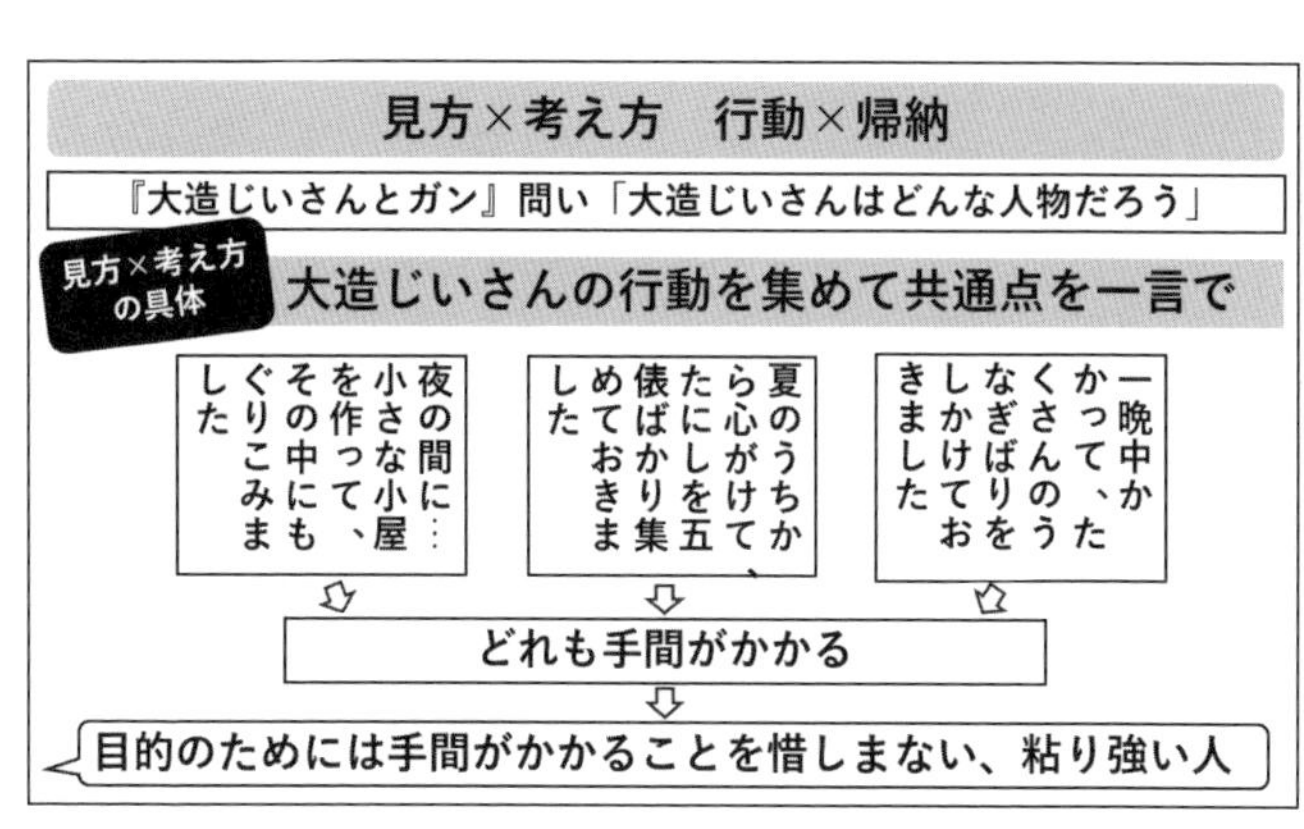

まず行動を集めます。

大造じいさんがガンを捕るための行動として「一晩中かかって、たくさんのウナギつりばりをしかけておきました」「夏のうちから心がけて、タニシを五俵ばかり集めておきました」「夜の間に…小さな小屋を作って、その中にもぐりこみました」などを見つけることができます。

そうしたら、それらの共通点は何かを考えます。取り上げた行動は、例えば「どれも手間がかかる」ことと言えます。

さらに、大造じいさんはどんな人物と言えるのかを考えると、やはり、「目的のためには手間がかかることを惜しまない、粘り強い人」といった主張を導くことができるでしょう。

言動×同化×同化（『海の命』６年）

登場人物に同化する考え方は、物語や小説を読み取っていくうえで基本となるものです。登場人物に同化しながら読むことで、教材文から受ける感動は高まるものです。例えば『ごんぎつね』で、一場面に描かれているごんのひとりぼっちでいる寂しさに同化することで、いたずらばかりする気持ちを実感的に理解することができます。

ところで、『ごんぎつね』の項で例示した活動では、ごんのみに同化していく考え方でしたが、物語や小説では、たいてい複数の人物が登場し、相互の関係に基づき、中心人物の気持ちは変化します。この場合の中心人物の気持ちは左のような段階で同化して読み取ることができます。

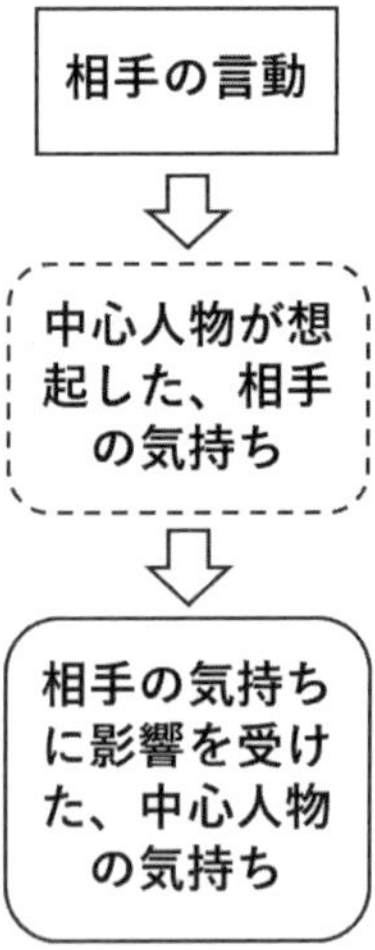

相手の言動

⇩

中心人物が想起した、相手の気持ち

⇩

相手の気持ちに影響を受けた、中心人物の気持ち

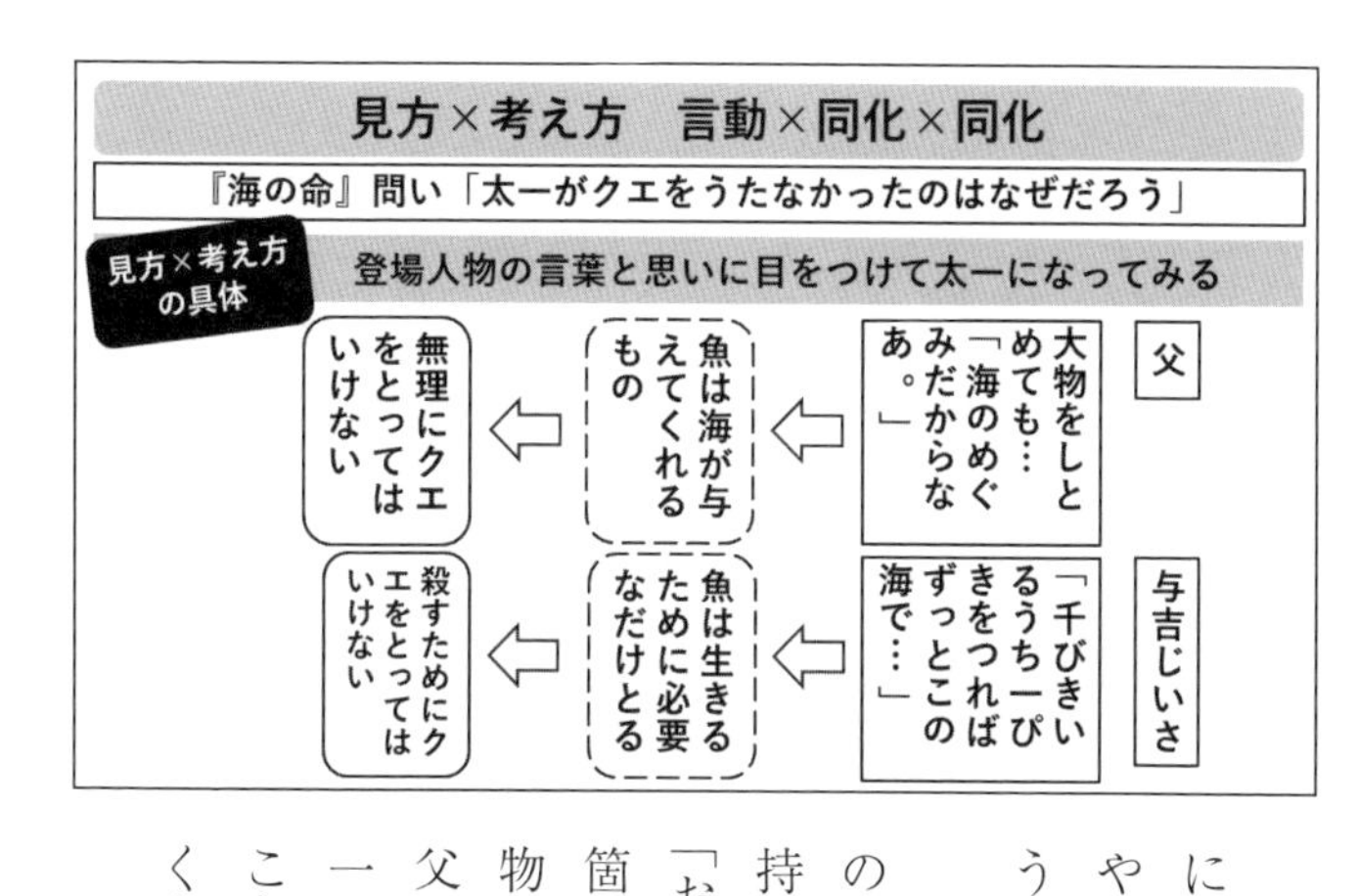

見方×考え方　言動×同化×同化
『海の命』問い「太一がクエをうたなかったのはなぜだろう」
見方×考え方の具体
登場人物の言葉と思いに目をつけて太一になってみる
父
大物をしとめても…「海のめぐみだからなあ。」
魚は海が与えてくれるもの
無理にクエをとってはいけない
与吉じいさ
「千びきいるうち一ぴきをつればずっとこの海で…」
魚は生きるために必要なだけとる
殺すためにクエをとってはいけない

このような読み方は、『大造じいさんとガン』で残雪に影響を受けていく大造じいさんの気持ちを読み取る際や、『海の命』で太一がクエと対峙したときなぜクエをうたなかったのかを考える際に効果的です。

太一がクエと対峙する場面で登場するのは太一とクエのみです。クエからの影響のみでこの場面での太一の気持ちを解釈することは困難です。太一はクエに向かい「おとう、ここにおられたのですか」と語りかけている箇所もあるので、この場面では太一にこれまでの登場人物からの影響があったのだろうということを投げかけて、父や与吉じいさ、母の気持ちに同化させ、そのうえで太一に同化していくという**二段階の同化**を行っていきます。こうすることで、クエをうちたいという気持ちとうちたくないという気持ちの葛藤の読み取りを進めていきます。

小学校高学年の説明文

事例×具体化（『和の文化を受けつぐ』小学5年）

説明文の内容を理解することが苦手という学習者は、文章に書かれている事柄の関係に対する意識が乏しいということがあります。

説明文は、序論―本論―結論という構成の中で、序論で示した話題や問いに関する事柄について、本論で具体的に説明し、最後に結論でまとめをしていきます。話題となる事柄は、序論や結論では抽象化され、本論で具体化されています。従って、まずは、**話題や問いにおいて抽象化された事柄は本論でどのような具体的な言葉として書かれているのか、そして、結論でどのような言葉で抽象化されているのかを対応させていく**という姿勢が必要になります。基本的に説明文は、言葉の対応関係が密ですので、序論―本論―結論に分けた中で具体―抽象を対応させる活動を行うと、「序論で述べていたことは、具体的には本論のこの言葉と対応している」といったことがわかってきます。

続いて本論を見ていきます。説明文の説明の仕方としては、主なものに比較、因果、具

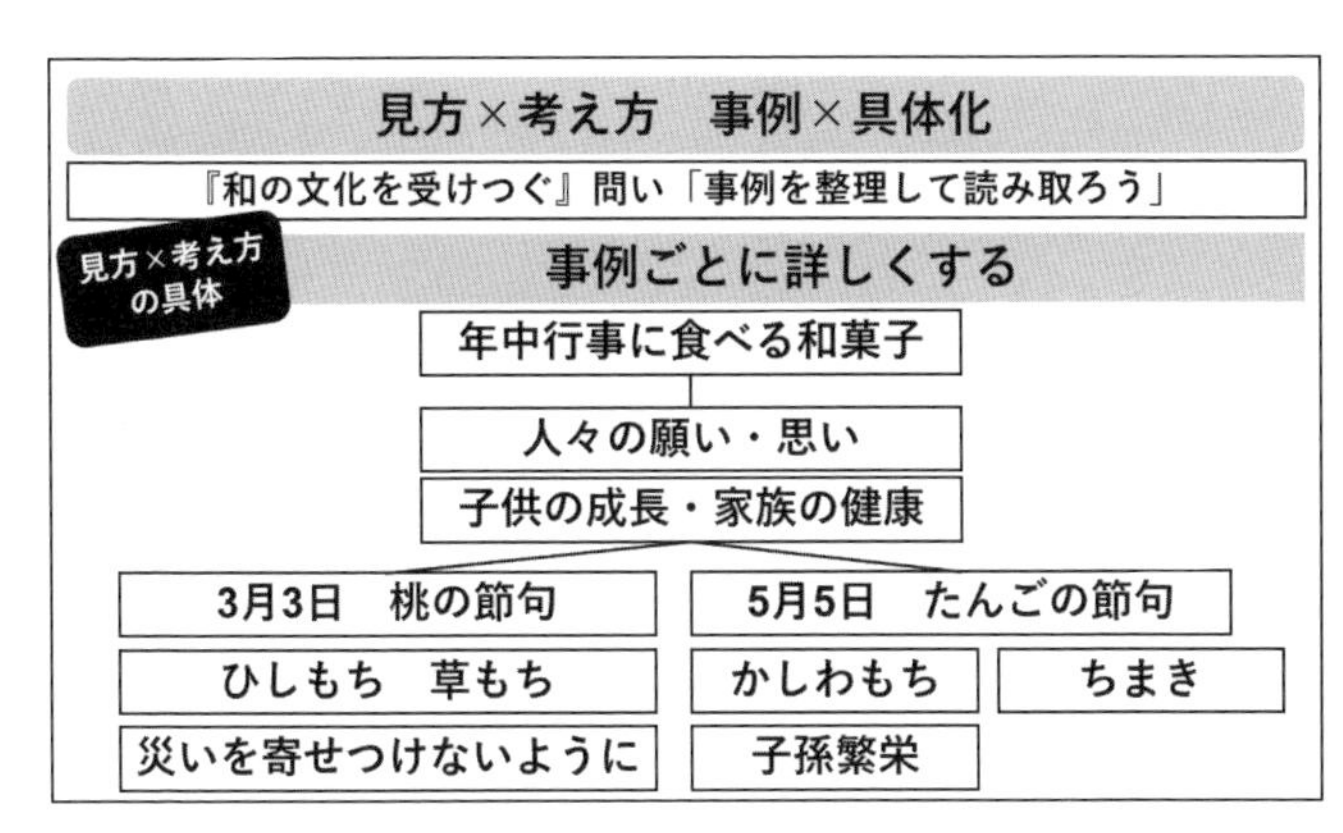

体―抽象があります。説明の仕方を把握することで、事柄の関係を把握することにつながり、説明内容を適切に理解することができます。

『和の文化を受けつぐ』は、抽象化したものを、主に本論のところで具体化して説明している箇所が多い説明文です。

ここでは、和菓子と年中行事の関係を整理した図を示しました。

年中行事の願いを具体化し、その例として、3月3日のひな祭りと食べるものの例、5月5日のたんごの節句と食べるものの例が示され、さらに和菓子に込められた願い事について説明がなされています。具体化していくことによって、事柄同士の関係をすっきりと理解していくことができます。

事例×因果（『「永遠のごみ」プラスチック』小学6年）

高学年の「読むこと」領域では、「説明や解説などの文章を比較するなどして読み、分かったことや考えたことを、話し合ったり文章にまとめたりする活動」という言語活動が、学習指導要領に例示されています。

複数の資料は、「どちらの方がわかりやすいか」あるいは「共通して述べられていることは何か」といった「比較」思考によって関係づける場合もありますが、Aの資料であげられた問題点に対する解決法をBの資料から見つけるといった「因果」思考を使って関係づける場合もありますし、Aの資料で抽象的に述べられていたことをBの資料から「具体化」思考を使って見つけるという場合もあります。

各種学力調査で頻繁に課題として指摘される**「複数の資料を関係づける力」をつけるには、「比較」「因果」「具体化」など目的に応じた思考が必要**になります。指導の際には、目的に応じた思考を学習者に自覚的に働かせる、あるいは自覚させるということが効果的です。

『「永遠のごみ」プラスチック』は、主教材である『「永遠のごみ」プラスチック』と、

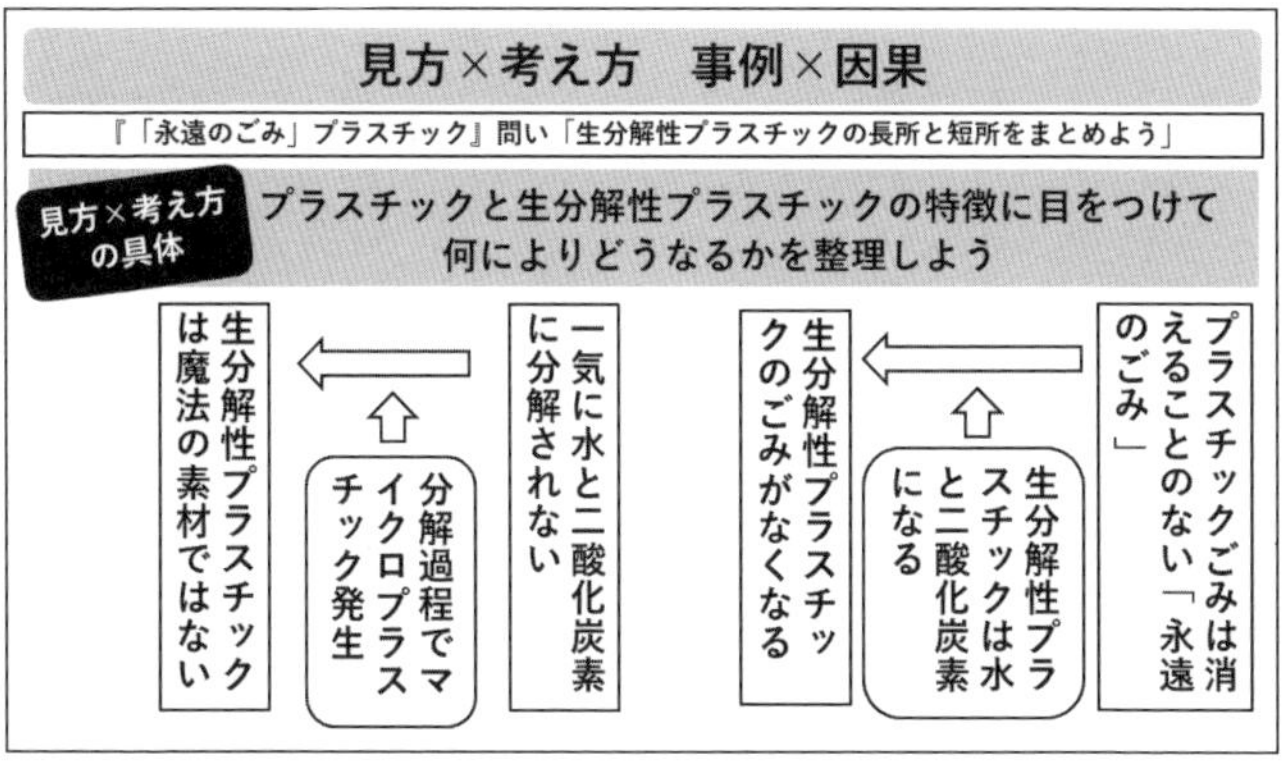

見方×考え方　事例×因果

『「永遠のごみ」プラスチック』問い「生分解性プラスチックの長所と短所をまとめよう」

見方×考え方の具体　プラスチックと生分解性プラスチックの特徴に目をつけて何によりどうなるかを整理しよう

プラスチックごみは消えることのない「永遠のごみ」
↓（生分解性プラスチックは水と二酸化炭素になる）
生分解性プラスチックのごみがなくなる

一気に水と二酸化炭素に分解されない
↓（分解過程でマイクロプラスチック発生）
生分解性プラスチックは魔法の素材ではない

自然界に捨てられたプラスチックが永遠にごみとして消えないという課題の解決策が示された資料①、②から成っています。いずれも『「永遠のごみ」プラスチック』で指摘された自然界に滞留するプラスチックごみをなくすための方策が示されています。

ここでは、生分解性プラスチックについて書かれた資料①を取り上げます。「関係づけ」のための考え方としては、本文で指摘された課題への解決策を資料①で示しているわけですから、「因果」思考を働かせることにより資料の関係づけができます。

プラスチックはそのままにしておくと永遠に消えることはないのですが、生分解性プラスチックの場合には水と二酸化炭素に分解されるので、基本的には生分解性プラスチックの場合は永遠のごみにならない、しかし、万能ではないことがまとめられます。

小学校高学年の「話すこと・聞くこと」

対象×具体化（『伝えよう、感謝の気持ち』小学6年）

「話すこと・聞くこと」の活動では、伝え合う「相手」の設定と伝え合うことによって達成したい「目的」が明確であることが、学習者の活動に対する意欲を高めるために必要です。相手意識や目的意識をもたせることは、学習者が責任感や使命感をもって活動に取り組むことの他にも、言葉による見方・考え方を働かせ、高めていくうえでも大切なことです。例えばスピーチを行うのに、スピーチを聞く相手についての具体がわかっていれば、どのようなことを、どのように話したらよいのかも鮮明になります。焦点化した目的をもつことは、同様に情報収集や構成に対してよい影響を与えます。

このような**相手・目的意識は、情報収集から発表までの学習活動の幹**となります。ここでは、相手・目的意識をベースとした情報収集について述べます。

小学6年の3学期教材です。自分が感謝している相手を決め、どのような感謝を伝えたいのかを決めてから、どんなことを話していけばよいかを考えていきます。

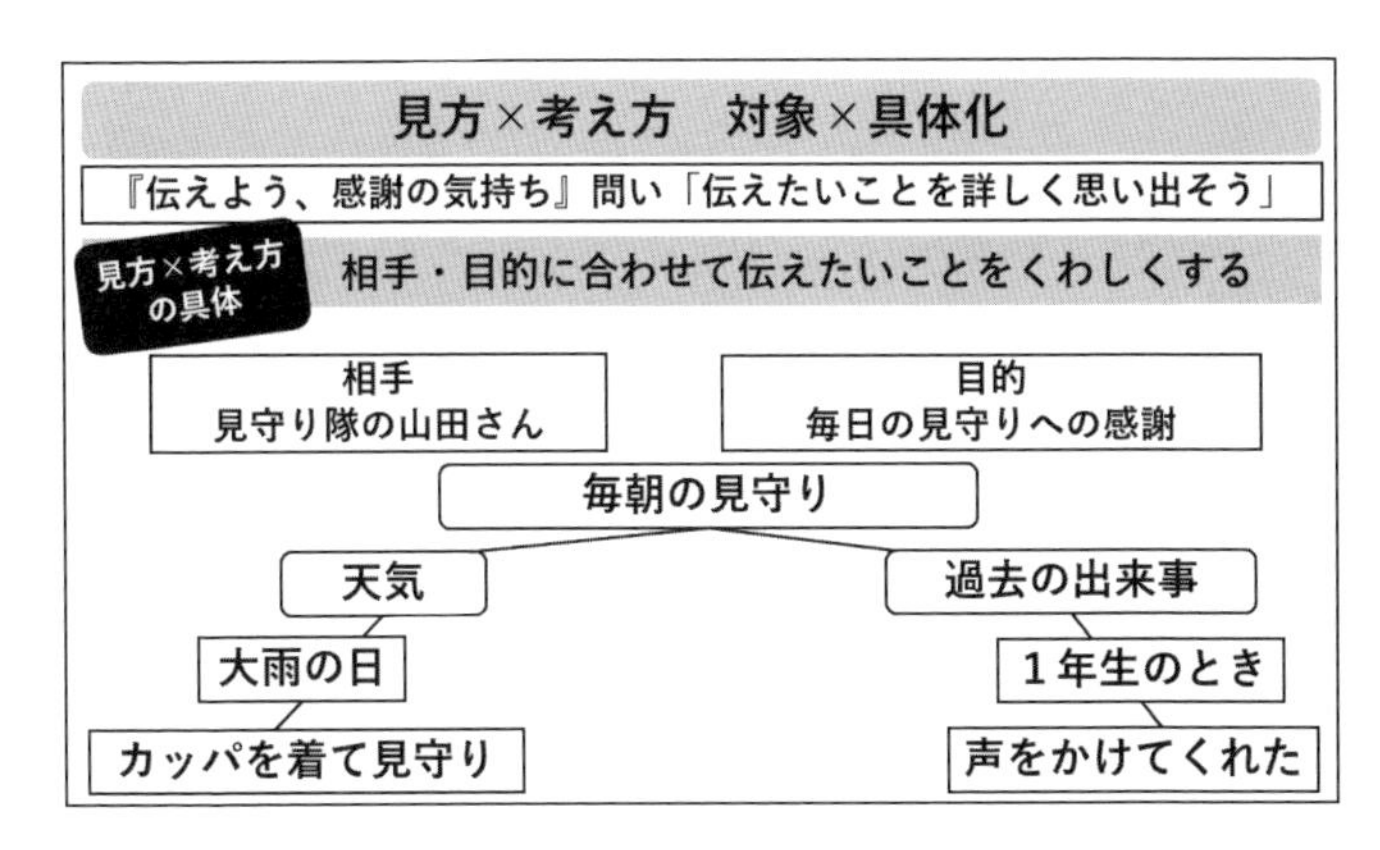

感謝したい相手と目的を決めてから、どんなことを話していけばよいかを考えることにより、話をするテーマが絞られます。そのうえで、テーマに沿って話題を具体化していきます。相手と目的に沿ったテーマが決め出されているので、具体的な内容を考えるのは簡単なような気がします。しかし、自由に内容を考えることは、実際にやろうとすると難しいものです。

そこで、例えば交通ボランティアの山田さんとの思い出だとすると、どんな悪天候でも交差点に立ってくれていたことを想起するきっかけとなる「天気」、出来事の中で最も印象的なものを思い出す「過去の出来事」といった視点に沿って、「具体化」思考を使って、詳しく思い出していくようにします。

小学校高学年の「書くこと」

視点×比較（『あなたは、どう考える』小学5年）

見方・考え方の「見方」とは、対象を捉える「視点」のことでした。視点には2通りの意味がありました。1つは、**対象の「どこを見るか」ということ**です。「すいか」があったとしたら、「模様」「味」「重さ」などの視点を設定することができます。もう1つは、**「どこから見るか」ということ**です。例えば「夏休みに行くなら、高原か、海か」といったテーマで意見を述べるとき、高原に行きたいという立場、海に行きたいという立場から、対象となる「高原」「海」の様々な姿を見るということになります。「どこから見るか」という立場による視点を働かせ合い、視点によって対象に対する考え方が様々あるということを意識し、視点同士を比較することによってより考えの筋道が強くなるということを学べる活動が、反論と再反論を入れて意見文を書く学習です。

以下、具体的な活動を紹介します。

小学生の多くは、学校に給食袋を持参します。そこには自分の名前が書いてあります。

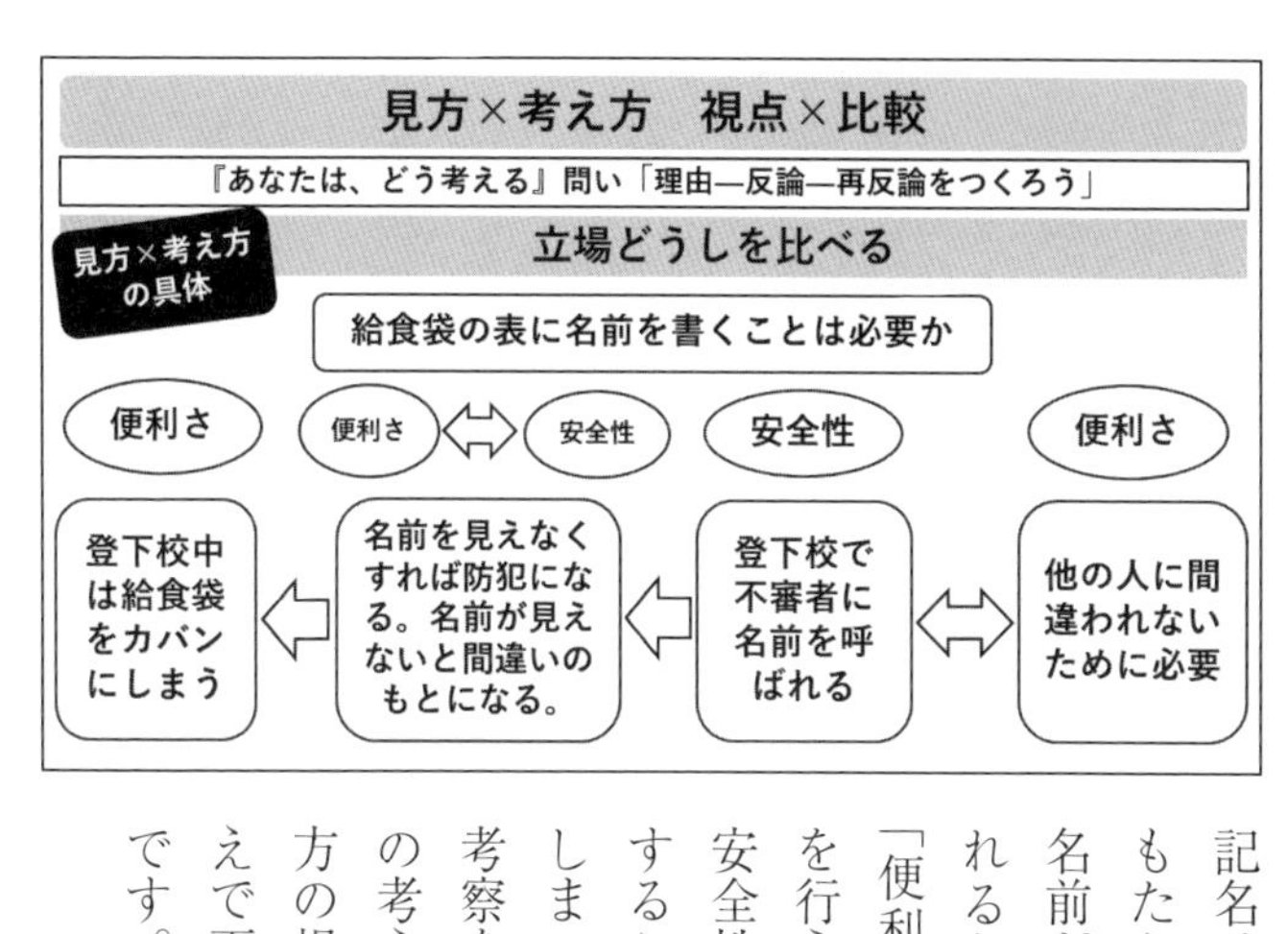

記名は友だちのものを間違えて使わないという便利さをもたらします。一方、ランドセルに給食袋をぶら下げて名前が見える状態になっていると、不審者に声をかけられる危険性があります。ここで比較対象となるのは、「便利さ」と「安全性」です。このような反論―再反論を行う活動では、便利さからの理由づけをした学習者が、安全性からの反論を出し、改めて便利さによる再反論をすることがよくありますが、それでは水かけ論になってしまいます。反論を出したときに、視点同士を比較する考察をしてから再反論をすることで、どちらの視点からの考えの方が優位であるのかが明らかになりますし、一方の視点の考えへの配慮もすることができます。そのうえで両者のよさを取り入れる発想につなげることも大切です。

中学校の物語

小道具×具体化×同化（『少年の日の思い出』中学1年）

文学的文章の教材は、中学校で学習するものになると、人物の様子、行動、情景、小道具に関する描写が細かくなっていきます。

一方で、ドラマの展開については、『走れメロス』を除けば、小学校時代に学習した教材に比べ、大きな変化はあまり見られないようなものになっていきます。

従って、小学生時代に、ストーリー展開に基づいて、中心人物の変化の様子とその理由を読むことに傾斜が強くかかった活動を行ってきている学習者は、中学校に入ってから出合う淡々とした描写を中心とした教材に違和感をもち、文学的文章を読むことが苦手になってしまう場合があります。

そうならないためには、**中学1年段階で、描写を読むことの楽しさを実感させ、描写を読む方略をもたせることが必要**になります。

『少年の日の思い出』には、回想前半のキアゲハに忍び寄る場面など、「僕」がちょうを

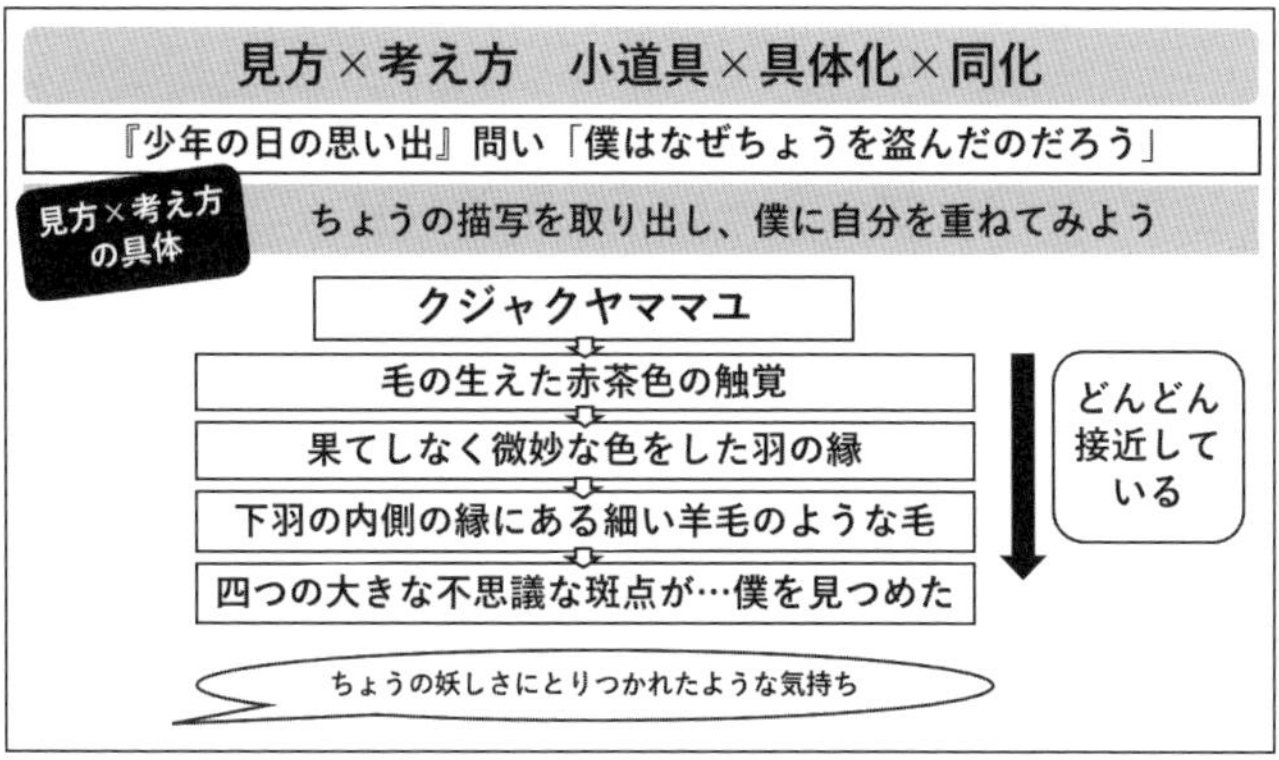

見方×考え方　小道具×具体化×同化

『少年の日の思い出』問い「僕はなぜちょうを盗んだのだろう」

見方×考え方の具体　ちょうの描写を取り出し、僕に自分を重ねてみよう

クジャクヤママユ
↓
毛の生えた赤茶色の触覚
↓
果てしなく微妙な色をした羽の縁
↓
下羽の内側の縁にある細い羊毛のような毛
↓
四つの大きな不思議な斑点が…僕を見つめた

どんどん接近している

ちょうの妖しさにとりつかれたような気持ち

見つめる描写が複数あります。

エーミールの部屋で展翅されていたクジャクヤママユの描写は「毛の生えた赤茶色の触覚」「果てしなく微妙な色をした羽の縁」のように細かくなされています。

それらの描写を取り出させ、どのくらいの大きさのものを見ていたのかなどをさらに具体的に想像させることにより、学習者はそれぞれの描写で描かれている姿を思い浮かべることができます。

そして、僕に自分を重ね、僕の目になってイメージさせると、僕がちょうに接近していく様子を感じ取ることができます。そのうえで、４つの斑点に「見つめられている」僕の気持ちを、同様に僕に同化させて想像させます。

視点×帰納（『走れメロス』中学2年）

小説や物語は、語りの視点によって描き出される世界が異なります。『少年の日の思い出』の「僕」や、『故郷』の「わたし」のように、中心人物の一人称で語られる教材では、読み手に中心人物の内面を詳しく伝える効果があります。

小学校では、一人称で書かれた教科書教材はほとんどありません。例えば『ごんぎつね』では、ごんの行動は「ごんは…」と三人称の主語で書かれます。こうすることで、語り手は物語世界全体を俯瞰しながら語りを進めることができるので、読み手は状況を把握しやすくなります。

大まかに言えば、**一人称視点で書かれた教材は人物の内面を描き出すことに長けていて、三人称視点で書かれた教材は物語を広く描き出すことに長けている**と言えます。

たいていの教材文は一人称視点か三人称視点のどちらかで書かれています。『走れメロス』も基本的には三人称の視点で書かれているのですが、途中にメロスの長い独白があるので、三人称から一人称に視点が移動していると考えることができます。さらに、メロスが自分に対して語っていると捉えることもできるのですが「急げ、メロス。遅れてはなら

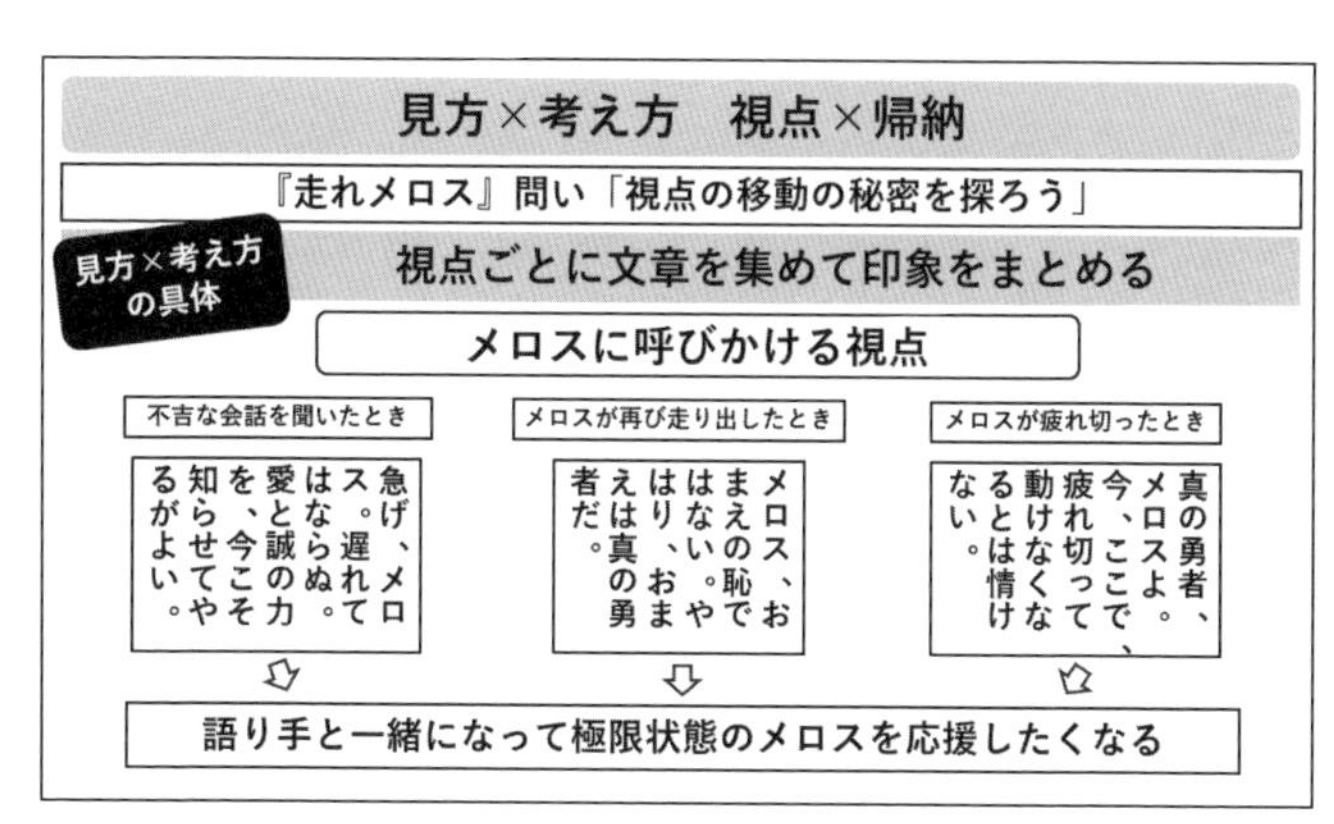

見方×考え方　視点×帰納
『走れメロス』問い「視点の移動の秘密を探ろう」
見方×考え方の具体
視点ごとに文章を集めて印象をまとめる
メロスに呼びかける視点
不吉な会話を聞いたとき
急げ、メロス。遅れてはならぬ。愛と誠の力を、今こそ知らせてやるがよい。
メロスが再び走り出したとき
メロス、おまえの恥ではない。やはり、おまえは真の勇者だ。
メロスが疲れ切ったとき
真の勇者、メロスよ。今、ここで、疲れ切って動けなくなるとは情けない。
語り手と一緒になって極限状態のメロスを応援したくなる

ぬ」のように語り手がメロスに向かって述べている二人称的な視点もあります。『走れメロス』では、１つの教材文が３つの視点を内在させているとすると、それぞれの視点の効果を１つの教材文で分析することができます。

そこで、学習者に自分が分析してみたい視点を決めさせて、どのようなときに、どのようなことが書かれているのかを取り出させます。そして、そのように書かれていることに対する印象をまとめさせます。

それぞれの視点で書かれている印象から効果をまとめていくと、例えば、出来事の進行を読み手に伝える、メロスの感情の描き始めは三人称、メロスの感情を畳みかけるように描くところは一人称、読み手をさらに感情移入させたい箇所は二人称、といった視点の描き分けの効果を考えることができます。

人物設定×比較（『故郷』中学3年）

小説や物語には、大きく2つの読みがあるといえます。

1つは、**作品世界そのものに入り込む読み**です。中心人物に同化したり、中心人物に起こる出来事を予測したりしていく中で、日常とは異なる体験をすることができます。

もう1つは、**作品世界に入り込む読みを行うことを前提としたうえで、作品の意味づけをする読み**です。人物の考え方や行動、物語の展開、表現の仕方を捉え、それに対する自分の考えをもつ読みです。

1つ目の読みを行うことは読書の醍醐味ですが、2つ目のいわゆる「批判的な読み」を行うことにより、作品で描かれていたことは、今後の自分にとって一層意味をもつものとなるでしょう。

特に、人物の考え方や行動について、作品で描かれていたことを自分にとって本当に意味のあるものにしていくには、読み手が取る立場が大切になります。

それは、自分のことを棚に上げるか否か、ということです。

自分のことを棚に上げた状態で、登場人物の考え方や行動を評価することは、たてまえ

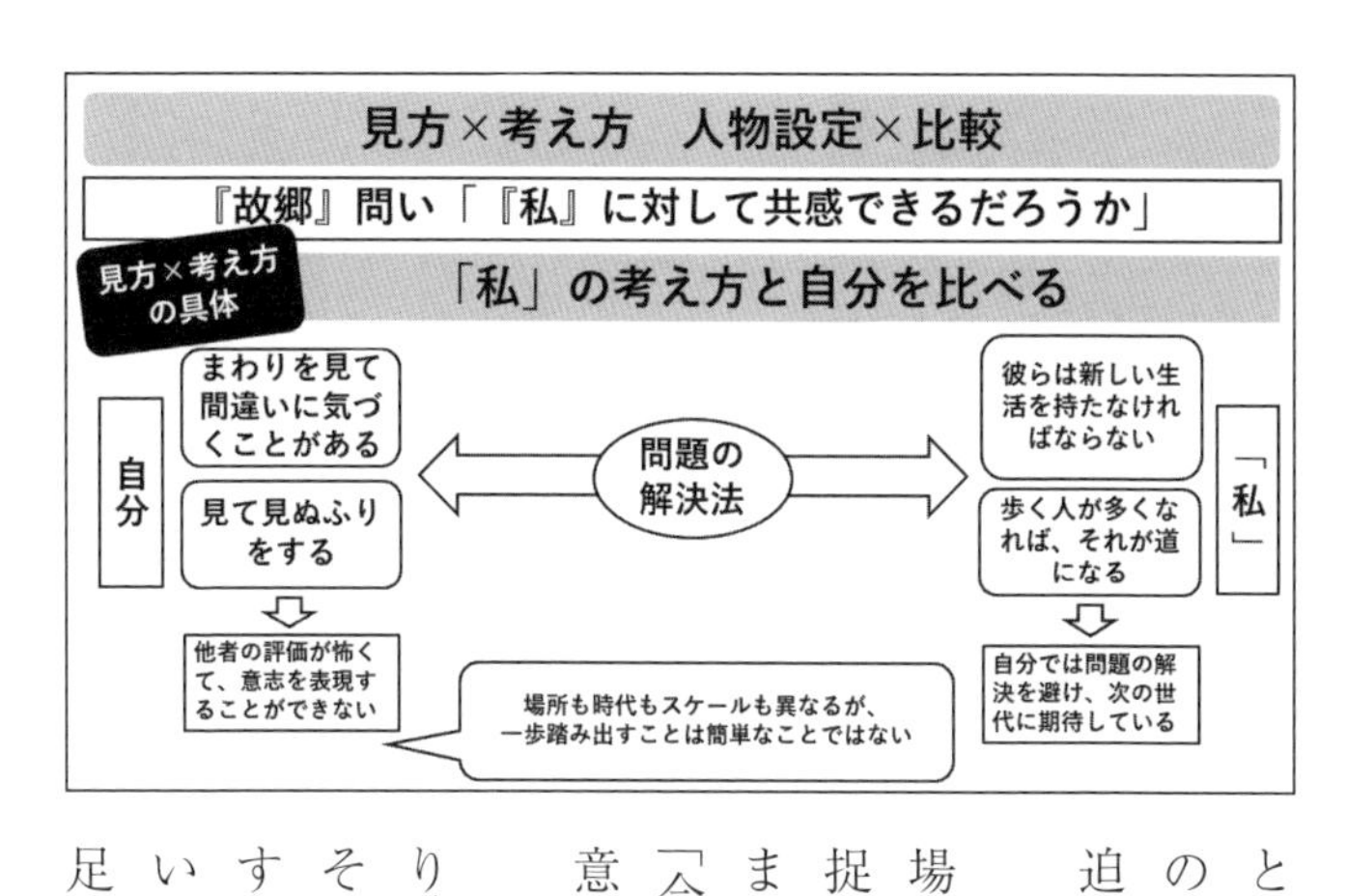

としては知っている倫理観などを当てはめていけばよいのですが、それでは、作品世界が切実さを伴って自分に迫ってくることはありません。

自分の今と登場人物を比較してみることにより、「登場人物の考え方や行動は客観的に見れば適切ではないと捉えられるけれど、自分でもやはり同様のことをしてしまうのではないか」といった考えをもち、そのうえで「今後どう生きればよいのか」といった現実を踏まえた意識に至ることができます。

『故郷』の中心人物「私」からは、封建的な時代により希望を失い、次代に託すといった考えが読み取れます。それを時代の影響による他者依存と捉えることはできますが、「では、自分は自分の意志で行動できるのか」といった点で考えてみます。そうすることで、いわば地に足の着いた批判的な読みとなります。

中学校の説明文

事例×因果（『ちょっと立ち止まって』中学1年）

説明文は、具体例などの根拠を示し、そこから得られたことを基にした理由づけをして筆者の主張を述べていくものです。実験や観察をした結果から飛躍することなく主張が述べられることが必要になるのですが、教科書に掲載されている説明文は、教科書に掲載されていることから、内容や論理展開はすべて正しいと無批判に思い込みがちです。

しかし、**教科書に掲載されている文章であるからこそ、そこに書かれている内容や論理展開に対して「本当にそんなことはあるのかな」「この根拠からこの主張が導かれているけれどそれでいいのかな」などといったん立ち止まって精査してみることが必要**です。そうすることで、情報を鵜呑みにせず、自分で納得して受け入れたり、情報に対して自分の考えをもったりする姿勢を育てることにつながります。

そうはいっても、多くの説明文では内容や論理展開に対して疑義をもつことは難しいため、内容や論理展開についていわゆる「つっこみ」を入れられる説明文は限られます。

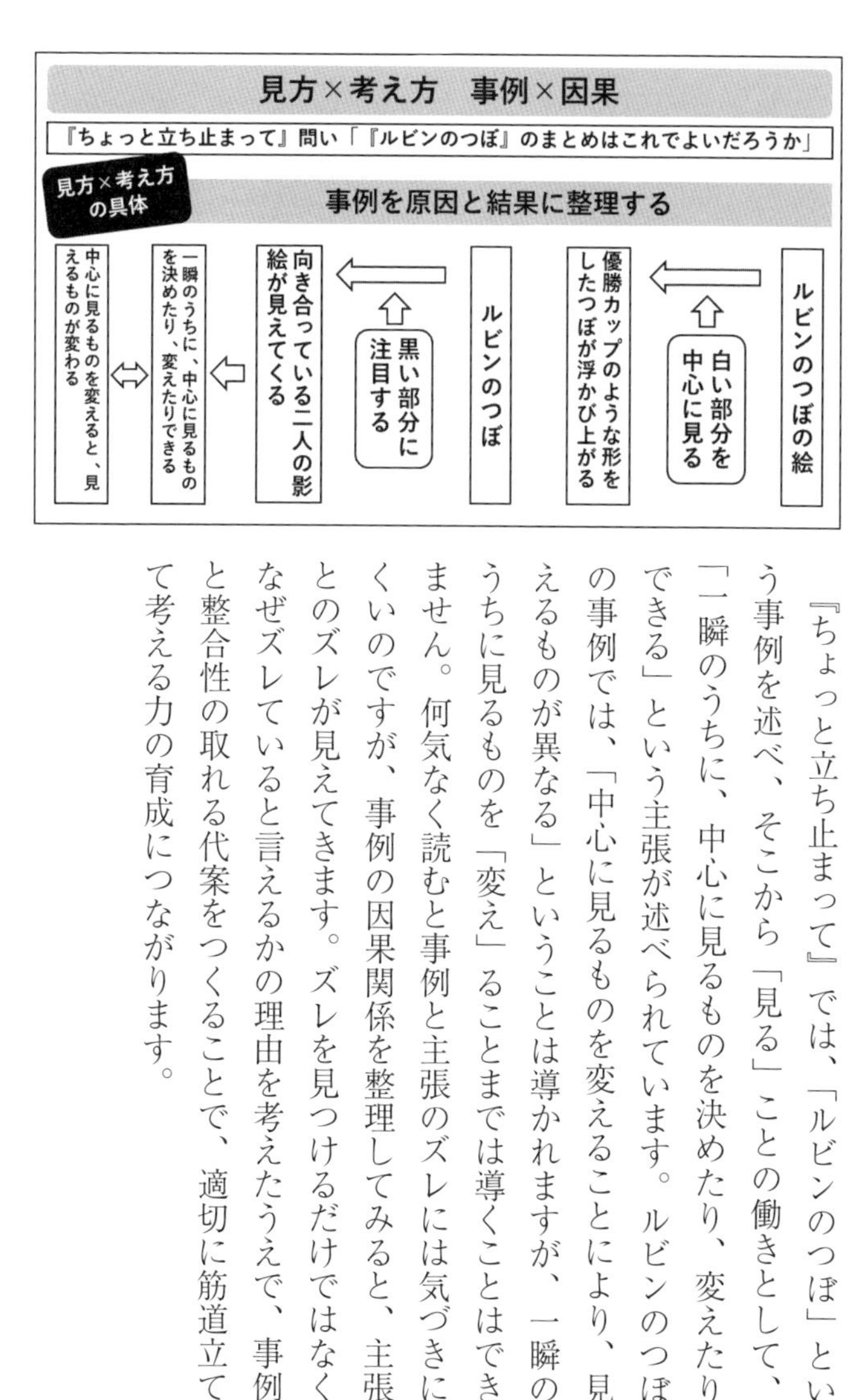

『ちょっと立ち止まって』では、「ルビンのつぼ」という事例を述べ、そこから「見る」ことの働きとして、「一瞬のうちに、中心に見るものを決めたり、変えたりできる」という主張が述べられています。ルビンのつぼの事例では、「中心に見るものを変えることにより、見えるものが異なる」ということは導かれますが、一瞬のうちに見るものを「変え」ることまでは導くことはできません。何気なく読むと事例と主張のズレには気づきにくいのですが、事例の因果関係を整理してみると、主張とのズレが見えてきます。ズレを見つけるだけではなく、なぜズレていると言えるかの理由を考えたうえで、事例と整合性の取れる代案をつくることで、適切に筋道立てて考える力の育成につながります。

事例×仮説形成（『黄金の扇風機』『サハラ砂漠の茶会』中学2年）

事例から導かれる主張の中で、確かな前提を基にした推論は「演繹」ですが、説明をするときには、必ずしも確かな前提を知識としてもち合わせているとは限りません。

そこで展開される推論が「仮説形成（アブダクション）」です。

仮説形成は、現象が起きる理由を客観的な根拠をあげて説明することができないときに、ある仮定をすることでその理由をうまく説明することができるようになる場合の推論（高等学校学習指導要領より）です。実験や観察を行ったことが述べられている説明文でも、実験結果から仮説を形成し、さらに検証をするという展開を取るものもありますが、評論・論説のうち、確かな前提や確かな科学的根拠を用いずに論を展開する際には、この推論の形が用いられます。

仮説形成を用いた推論では、事例からの理由づけに当たる箇所は、人によって異なりますし、その結果として導かれる主張も、やはり絶対的なものではありません。従って、仮説形成を用いて推論した論に対しては、様々な考えが生まれ、さらに考えを広げ、深めていくことができます。

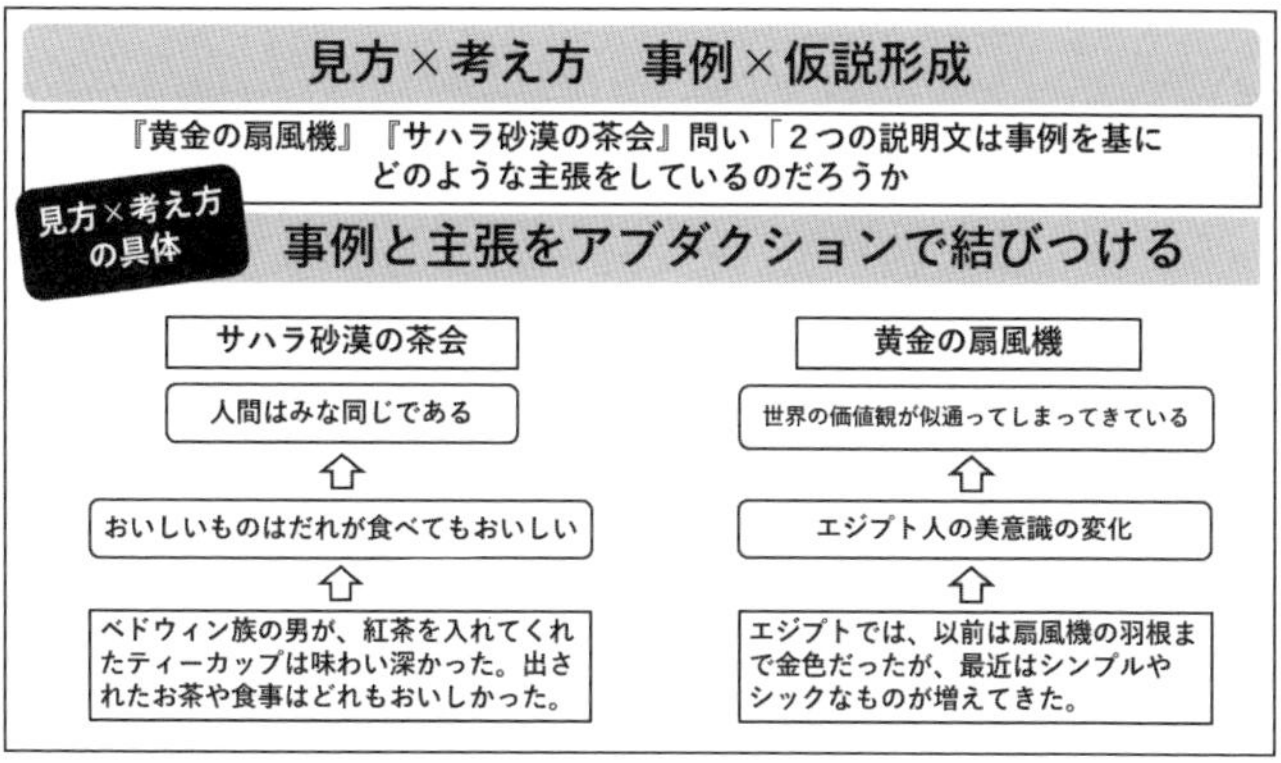

見方×考え方　事例×仮説形成	
『黄金の扇風機』『サハラ砂漠の茶会』問い「2つの説明文は事例を基にどのような主張をしているのだろうか	
見方×考え方の具体　事例と主張をアブダクションで結びつける	
サハラ砂漠の茶会	黄金の扇風機
人間はみな同じである	世界の価値観が似通ってしまってきている
⇧	⇧
おいしいものはだれが食べてもおいしい	エジプト人の美意識の変化
⇧	⇧
ベドウィン族の男が、紅茶を入れてくれたティーカップは味わい深かった。出されたお茶や食事はどれもおいしかった。	エジプトでは、以前は扇風機の羽根まで金色だったが、最近はシンプルやシックなものが増えてきた。

仮説形成は学習指導要領では高等学校に掲載されていますが、中学校の教材にも仮説形成を用いた論展開をしている教材文があります。

『黄金の扇風機』『サハラ砂漠の茶会』は、どちらも「美」とは何かについて論じているものですが、それぞれの説明文で主張している「美」は異なっています。主張を導き出すための推論は、仮説形成の形を取っています。例えば「サハラ砂漠の茶会」では、ベドウィン族の男との邂逅を根拠に「おいしいものはだれが食べてもおいしい」と理由づけをして、「人間はみな同じである」という主張を述べています。

主張に対して読み手の考えを述べる活動はよく行われますが、**どのような理由づけをして仮説形成をしているのかを整理することにより、推論の確かさを吟味することができます。**

事例×具体化×抽象化（『誰かの代わりに』中学3年）

評論・論説文において、高校、大学入試、定期テストでなされる問いは、以下のように「因果」「比較」「具体」「抽象」思考を読み取れているかを確かめるものが主です。

・「○○という状態になるのはなぜか」という「理由」を尋ねるもの。
・「○○と述べていることと反対の状態を示している箇所を10字で書き抜きなさい」という「対比」が読み取れているかを尋ねるもの。
・「○○について詳しく述べている箇所を文中から20字程度で探しなさい」という「具体」を尋ねるもの。逆に「○○について端的に述べている箇所を文中から5文字で書き抜きなさい」という「抽象」を尋ねるもの。

このような思考に沿って読み取れるかが試験で問われるのは、平素から論理的思考を働かせて理解し、表現する力をつけていくことが、よりよく思考・表現したり、多様な他者とコミュニケーションを取ったりするために必要だからでしょう。

評論・論説では、筆者は対象に対し「因果」「比較」思考とともに、「具体―抽象」思考を繰り返し、言い換えをしながら論を展開している場合が多くあります。何についての言

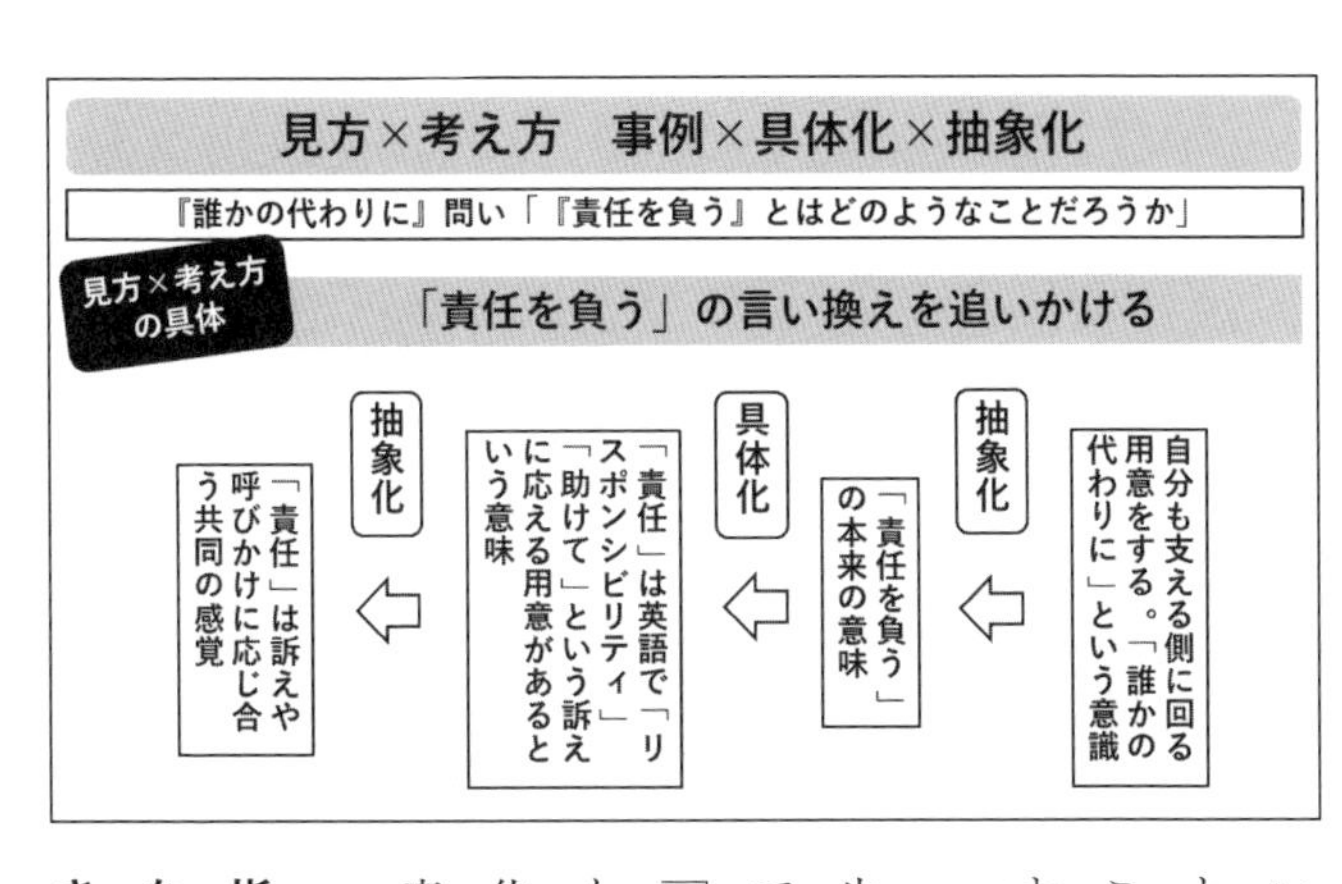

い換えがなされながら論が展開しているのかを把握するとともに、どんな意味づけがなされていくのかをつかむことで、論の展開に即し、内容を理解することができます。

『誰かの代わりに』は、他者と関わり合い、補い合い、生きていくことでこそ自分が生きる意味を感じることができる、ということが述べられています。その中で、「支える側に回り、誰かの代わりになる」という意識をもつことを「責任を負う」の本来的な意味であると抽象化し、続いて「リスポンシビリティ」の例により英語の意味の視点から具体化しています。

「具体―抽象」の言い換えが使われる評論・論説では、**指示語に言葉を代入したり、言葉の意味を比較したりしながら、具体と抽象の関係を捉える力をつけることができます。**

中学校の「話すこと・聞くこと」

事例×具体×因果×比較（『話を聞いて質問しよう』中学1年）

中学1年の「話すこと・聞くこと」の指導事項には「エ　必要に応じて記録したり質問したりしながら話の内容を捉え、共通点や相違点などを踏まえて、自分の考えをまとめること」があります。

例えば、総合的な学習の時間に訪ねた施設等の職員の方に仕事の内容を聞き、その場で自分も体験をするといった場合、仕事の概要等を聞いて、その情報以外に自分が必要とすることを質問することなどが主眼になります。部活動、生徒会活動、その他学習者の実生活では、短い話を聞き、そこに質問をして情報を増やしていくということがよくあります。このときに、自分が聞きたいことがすぐに思いつく学習者もいますが、そうでない学習者もいます。質問は、得た情報に対して視点に沿って疑問をもち、相手からの追加情報により内容を具体化していくことによって可能になります。従って、質問するための視点をもっておくことにより、どんなことを聞けるのかが見えてきます。質問するための主要な視

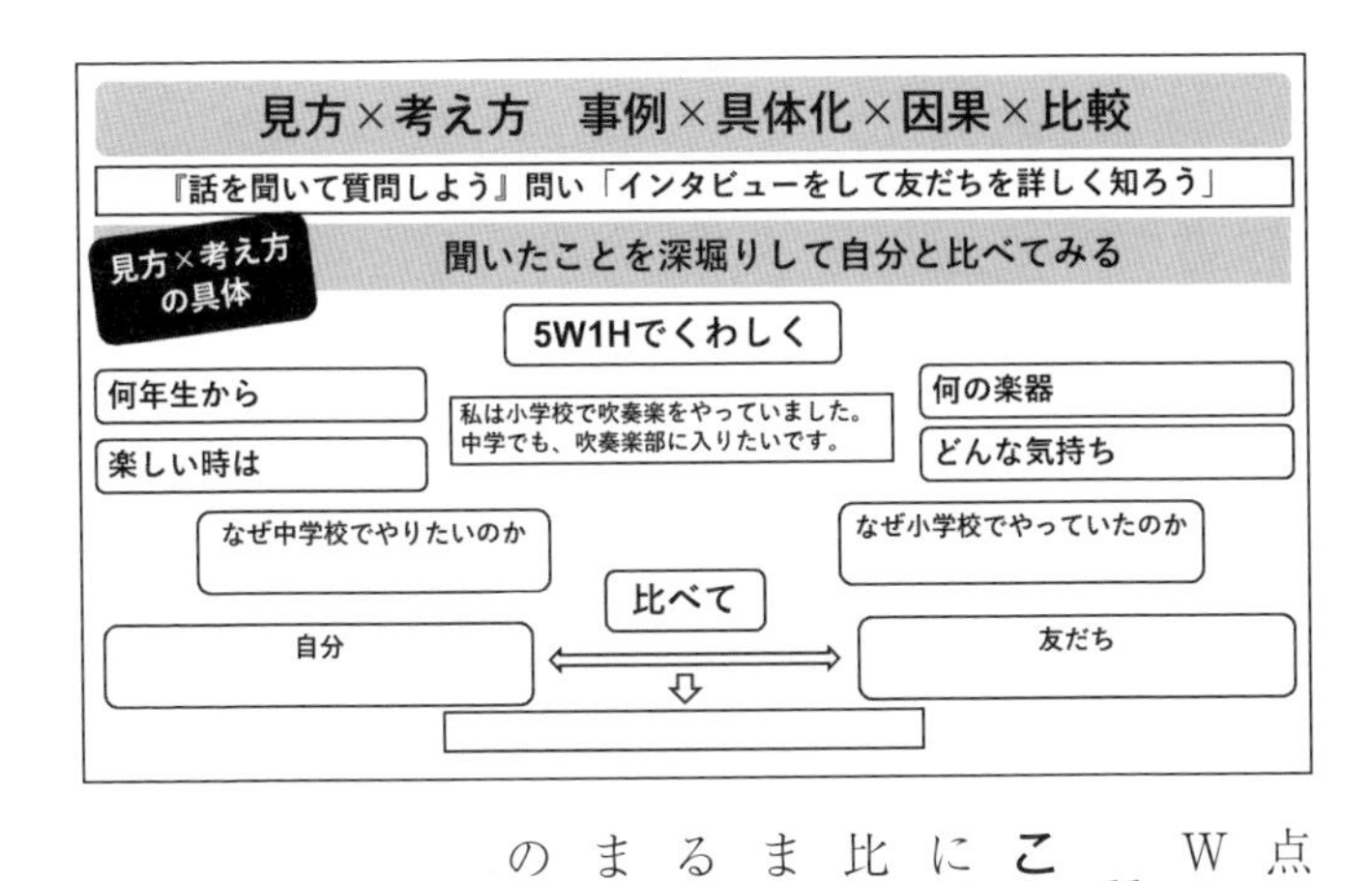

点は「いつ、どこ、だれ、何、なぜ、どのような」の5W1Hです。

質問の視点は、実際に使ってみて役に立ったと感じることで定着します。中学1年の1学期、簡単な自己紹介に対して、質問を重ねることにより相手を知り、自分と比較して相手をリスペクトする感想を述べる活動を行います。この活動を行うことで、新しい友だちについてある程度詳しく知ることができ、親近感をもつことができます。その満足感が、質問の視点の有用感と今後の活用の意識につながります。

中学校の「書くこと」

対象×演繹（『「地図」の意見文』中学2年）

「クジラは肺呼吸をする。哺乳類は肺呼吸をする。だから、クジラは哺乳類である」というように、「哺乳類は肺呼吸をする」といった一般的な前提を基にして、具体の事例から主張を導いていく考え方が演繹です。演繹では、前提の蓋然性が高ければ適切な主張を導くことができます。

「演繹」は高等学校学習指導要領に記載されていますが、これと類似した考え方として、小学生でも使える「定義」があります。従って、中学生でも演繹的な思考は展開することができると考えられます。

学習者にとって、自分の考えをもったり、考えを表現したりするには、できるだけ多くの考え方を知っていることが、考えやすさや、説明のしやすさにつながっていきます。

そこで、中学生でも演繹的思考が使えそうな学習場面があれば、積極的に使っていきたいものです。

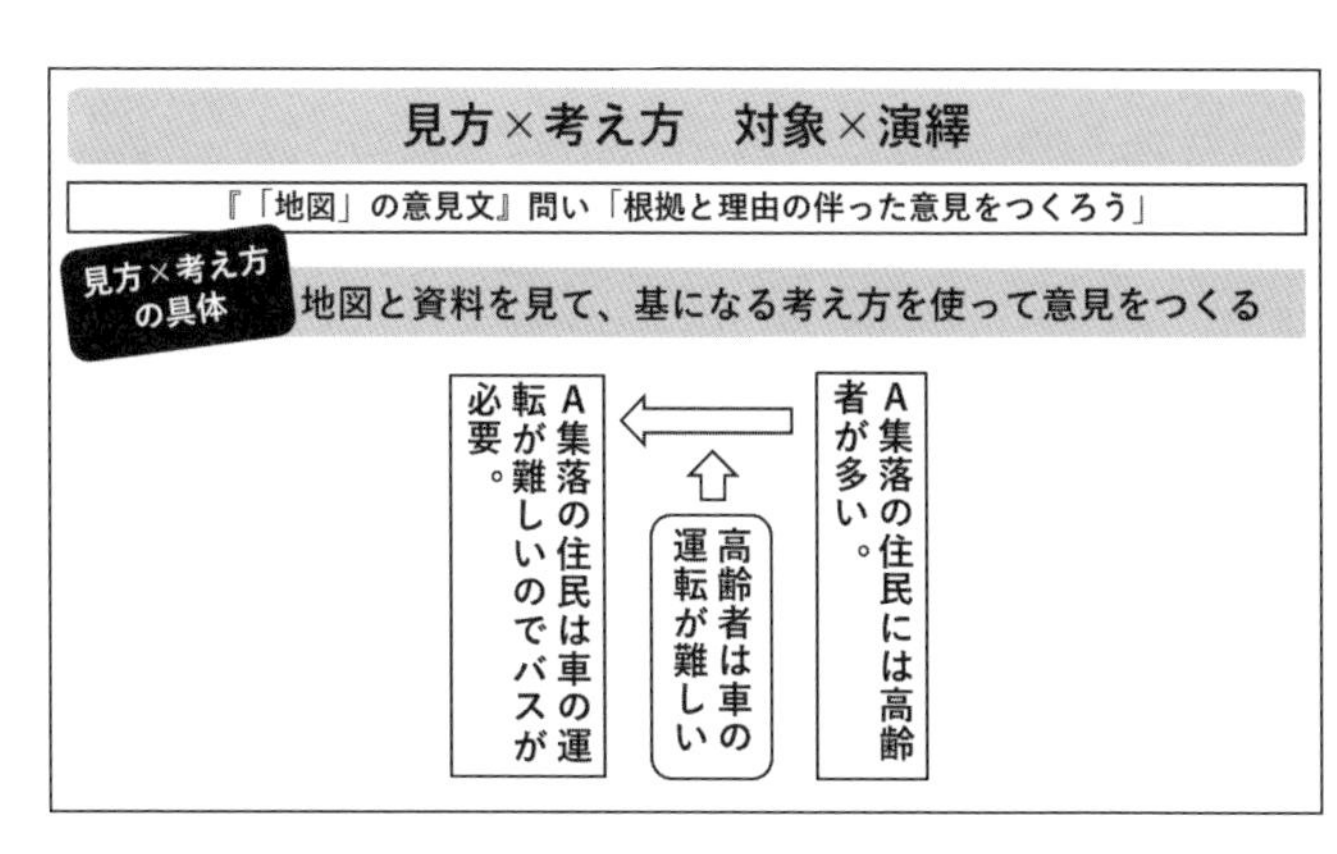

『「地図」の意見文』は、地理的条件や住人の様子に合わせて、バスのルートを、A集落を通るAルート、B橋を通るBルートのどちらにしたらよいかを考えさせる教材です。

自分の意見をつくるために、学習者は「根拠―理由―主張」をまず書き出していきます。このとき、AルートとBルートとのメリットを受ける人の違いを「比較」するという考え方もあります。また、高齢者は車の運転が難しいという前提に立ち、A集落には高齢者が多いという事例から、A集落の住民は車の運転が難しいという主張を導き、よってA集落にバスを通すべき、と結論づけるといった演繹的思考を展開することができます。

モデル学習を行い、演繹的思考に慣れてから、各自やペアで立論してみます。

高等学校の小説

小道具×具体×抽象（『城の崎にて』）

物語や小説には多くの小道具が登場します。小道具には2つのタイプがあります。

1つは、**小道具そのもののイメージから、教材文の雰囲気をつくり出すもの**です。

例えば、『盆土産』（中学2年）では「青いハンチング」という小道具が登場します。「青いハンチング」についての描写はほとんどありませんが、「青い」という色彩表現から、教材文を読む読者に、出稼ぎに行っている父親が少しあか抜けて帰ってきたという印象をもたらします。

もう1つは、**小道具に関する具体的な描写を伴うもの**です。

例えば、『ごんぎつね』（小学4年）では、「いわし」が登場します。ごんはいわし屋からいわしを盗み、兵十の家に投げ込みます。そのことがもとで、兵十はいわし屋に盗人だと思われ殴られます。いわしは、ごんのつぐないの気持ちを表すものでもありますが、ごんの思慮の浅さを表すものでもあります。

見方×考え方　小道具×具体×抽象

『城の崎にて』問い「3つの生き物はどんな死を意味するのだろうか」

見方×考え方の具体　**生き物に関する描写を取り出し抽象化する**

蜂

足を腹の下にぴったりとつけ、触覚はだらしなく顔へたれ下がっていた	ほかの蜂がみんな巣へ入ってしまった夕暮れ、冷たい瓦の上にたった一つ残った死骸	せわしくせわしく動いていてばかりいた蜂が全く動くことがなくなった

⇩

死は哀れで、静かで、寂しい

このように、小道具を見つけ、小道具そのもののもつ言葉の意味や、小道具に関する叙述を取り出し、それらを抽象化することで見いだせる意味を考えていくことで、教材文をより確かに、豊かに解釈できます。

『城の崎にて』には、「蜂」「ねずみ」「いもり」が登場します。それらの姿から「自分」は、「死」についての様々な意味を考えていきます。1つの生き物を取り上げ、それについての叙述を「どのような死か」という視点で複数取り出します。そのうえで、取り出した叙述を抽象化します。そうすると、例えば蜂については、死は哀れで、静かで、寂しいといった考えをもつことができます。

叙述を取り出す際に視点を設定することで考えやすくなりますが、結論の幅は狭くなります。慣れてきたら、学習者に視点を設定させるとよいでしょう。

高等学校の論説文

事例×比較（『水の東西』）

対象についての説明をする際の思考の展開の基本である「因果」「比較」「具体―抽象」は、高等学校の教材でも同様です。

中でも、「比較」を用いた説明は、小学校低学年の説明文から登場します。

小学校低学年の教材の『どうぶつの赤ちゃん』『子どもをまもるどうぶつたち』（ともに1年）では、それぞれ2種類の動物について共通の視点から対比的に説明しています。

中学2年の『黄金の扇風機』では、かつてのエジプト人の嗜好と現代のエジプト人の嗜好について対比的に説明しています。

複数の対象を取り上げて視点を決めて共通点を見いだす「類比」や、主に相違点を見いだす「対比」の思考を使った、説明の仕方は、最もシンプルで使い勝手のよいものです。

そのため、小学校低学年でも、物語の解釈の際に反復表現を比較して登場人物の気持ちを想像する、副詞や形容詞など特定の表現の有無を比較して登場人物の気持ちや場面の様子

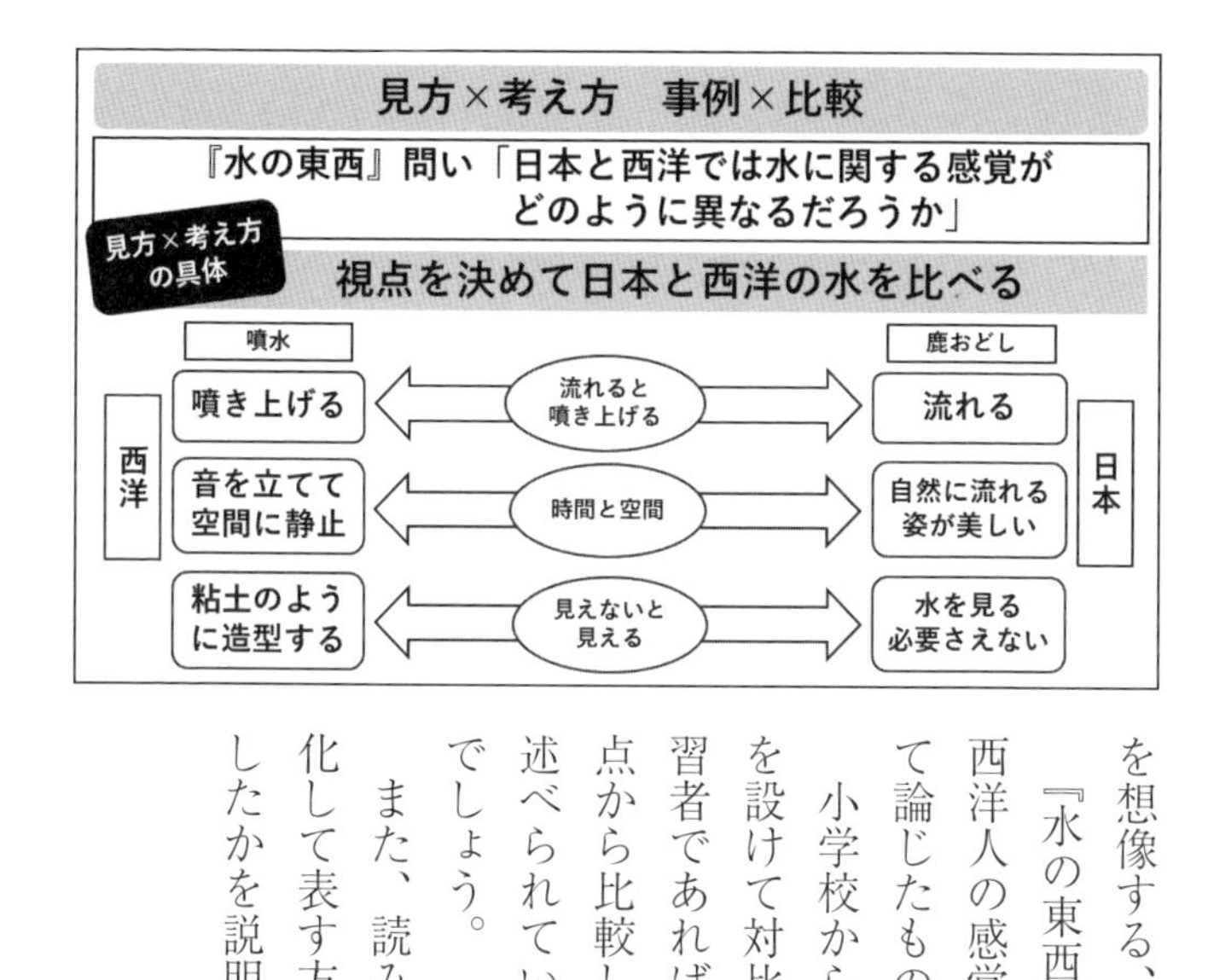

を想像する、といったことなどが可能になります。
『水の東西』は、題名の通り、「水」に対する日本人と西洋人の感覚の違いについて、鹿おどしと噴水を比較して論じたものです。
小学校からこれまでに、説明文のスタイルとして視点を設けて対比するという方法があることを知っている学習者であれば、鹿おどしと噴水について、どのような視点から比較し、どのようなことがそれぞれの特性として述べられているかを取り出すことはさほど難しくはないでしょう。
また、読み取ったことを図式化して表す方法や、文章化して表す方法も知っていれば、どのような読み取りをしたかを説明することもできるでしょう。

小中学校教材を学ぶ中で、言葉による見方・考え方をおおかた獲得し、高等学校では選択して使いこなせるようになれたら理想的です。

第3章 「言葉による見方・考え方」を育み、働かせる授業づくり

授業づくり7の原則

学習課題の設定

前章では、言葉による見方・考え方を働かせるための具体的な投げかけをみてきました。本章では、言葉による見方・考え方を働かせ、育むための授業づくりで意識したいことを述べます。小学5年で「いわし雲　大いなる瀬を　さかのぼる」（飯田蛇笏）の全体像を具体的に想像することをねらいとした授業を想定して説明します。

授業の導入の、学習課題を設定し、共有する場面で大切なのは、何を目指すのかをはっきりさせ、主体的な学びを促すことです。

まず、俳句を板書します。一つひとつの言葉を正しく読めることが正確な理解につながるので、すらすら読めるようになるまで音読をします。

そうしたら、語句の意味の確認をします。この俳句で最も確実に押さえたい言葉は「瀬」です。この句の場合の「瀬」の意味として、「川の流れの急な所。また、海水の流れ」（『デジタル大辞泉』より）を共有します。

「いわし雲」のイメージがもてない場合には、まず、辞書的な意味を確認し、学習者同士でどんな雲なのかを自分の経験を基に伝え合うようにします。

それでもイメージが浮かばない学習者が多い場合は、空に広がるいわし雲の写真を少しだけ見せます（写真を多用したり、印象の強い写真を提示したりすると、写真の印象に俳句の解釈を寄せていってしまう危険性があるからです）。

音読をして、基本的な言葉の意味理解をしたら、学習者に「この俳句で描かれている様子が、美しく、くっきりと思い浮かびますか？」と尋ねます。

「雲が川の流れをさかのぼるって、いったいどういうことだろう」と疑問をもつ学習者は多くいます。そこで「これから、みんなでこの俳句を読んでいって、俳句で描かれている様子をくっきりと思い浮かべよう」と学習課題（めあて）につなげます。

ここで大切なことが2つあります。1つは、**目指すものをはっきりさせること**です。本時の学習課題を「くっきりと思い浮かべよう」とすることで、学習者は俳句に描かれた様子をくっきりと思い浮かべることを目指すことが明確になります。ここで、学習課題を「俳句で描かれた様子についてみんなで話し合おう」という活動目標にすると、話し合うことがめあてとなり、目指すことが鮮明になりません。本時の学習課題は「話し合おう」や「考えよう」といった活動目標型にするのではなく、「くっきりと思い浮かべよう」といった到達目標型や「俳句に描かれているのはどんな様子なのだろうか」といった疑問提示型にして、学習者が目指すものがはっきりすることが大切です。

大切にしたいことの2つ目は、**追究への意欲をもたせること**です。

俳句を示して、「今日の授業は、俳句の読み取りをします。きょうのめあてを板書します。『俳句で…』」という形で学習課題を共有していくのと、「この俳句で描かれている様子が、美しく、くっきりと思い浮かびますか？」という問いを一度投げかけたうえで学習課題を共有していくのとでは、同じ課題を追究していても、学習に向かう気持ちは大きな違いがあります。教師側で教材を示し、学習課題を示すだけでは、学習者の意識は受け身になりがちです。一方で、俳句の様子がくっきりと思い浮かぶかを尋ねられた場合、学習者はまず現在の自分の状態を自覚します。そのうえで「思い浮かべられないのだったら、みんなで学んでいこう」と誘います。

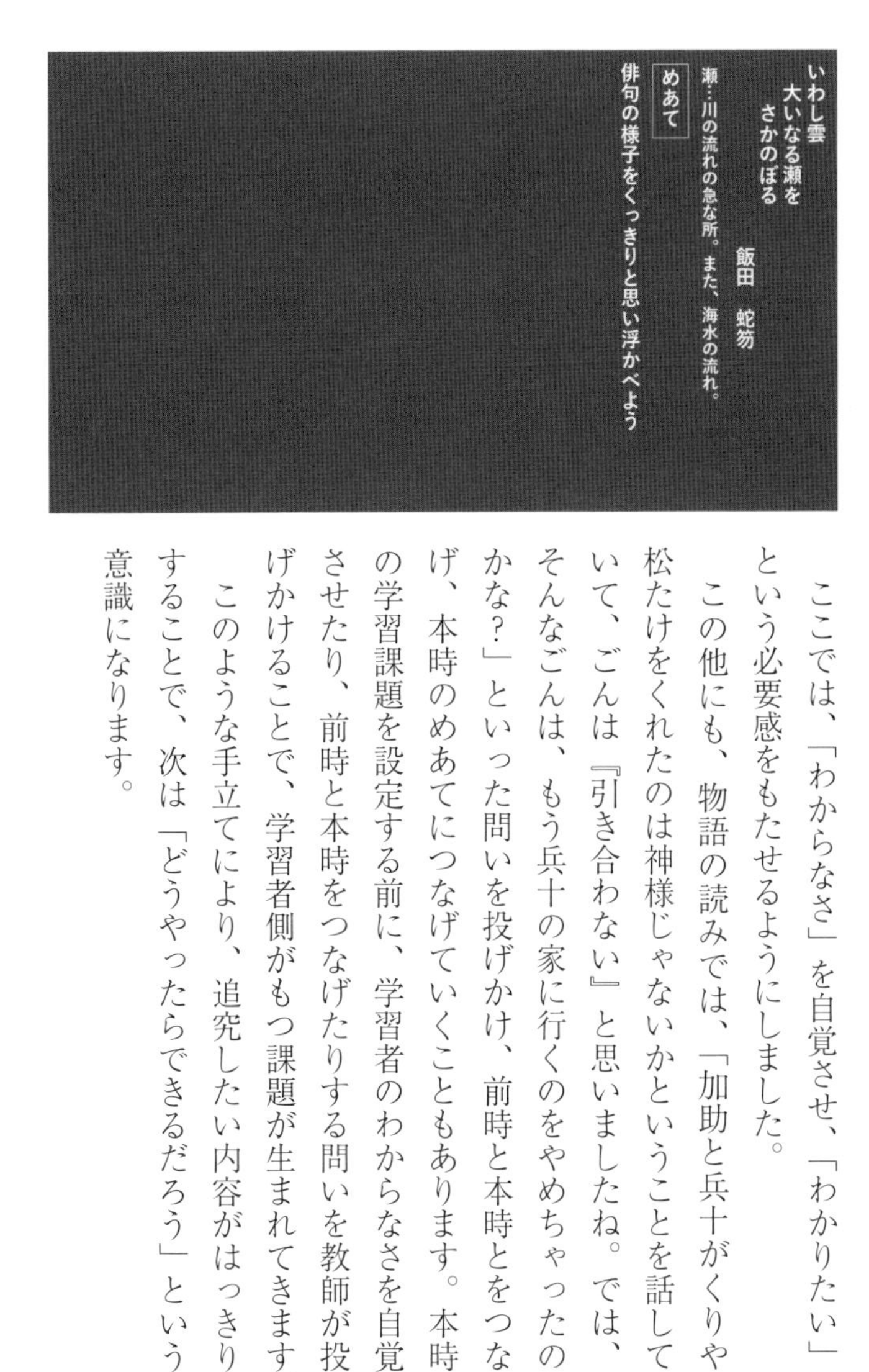

ここでは、「わからなさ」を自覚させ、「わかりたい」という必要感をもたせるようにしました。

この他にも、物語の読みでは、「加助と兵十がくりや松たけをくれたのは神様じゃないかということを話していて、ごんは『引き合わない』と思いましたね。では、そんなごんは、もう兵十の家に行くのをやめちゃったのかな？」といった問いを投げかけ、前時と本時とをつなげ、本時のめあてにつなげていくこともあります。本時の学習課題を設定する前に、学習者のわからなさを自覚させたり、前時と本時をつなげたりする問いを教師が投げかけることで、学習者側がもつ課題が生まれてきます。

このような手立てにより、追究したい内容がはっきりすることで、次は「どうやったらできるだろう」という意識になります。

追究の見通し

学習課題を認識し、活動への関心をもった学習者の多くは、早く追究の活動に移行したいという意欲をもちます。

教師は、目を輝かせている学習者の表情から「これだけ意欲があるなら、すぐに意見ももてそうだ」と判断します。そこで「では、10分間時間を取りますから、自分の考えをノートに書きましょう」と指示を出します。

学習者は、さっそく鉛筆を持ってノートに自分の意見を書こうとします。しかし、1分経っても、3分経っても、ノートに何も書けない学習者が数多く出てきます。ノートに考えを書けていても、教師が想定していたこととかけ離れた内容を書く学習者も多くいます。

結局、多くの子はノートに何も書くことができず、ごく一部の学習者によって授業は進んでいきます。目を輝かせている学習者は、もういません。

学習課題を示しただけで個人追究に入ることによって、導入ではやる気満々だった学習者の多くが「できなかった…」という気持ちに陥ってしまう。このようなことは、国語の授業ではよくあります。本時のゴールを決めただけでは、すべての学習者がそこに至ることは至難の業なのです。**ゴールを決めたら、ルートを決めることによって、確実にゴールに至ることができます。**

そこで参考になるのが、学習者が直面する課題を解決するための、いわば踏み台を据える**「足場かけ」**の考え方です。足場かけのイメージは、自分の手が届かない高いところにあるものを取ろうとする場合、その高さに応じて、踏み台や脚立、はしごなどを使って無事に目的を達成する、というものです。

Brian・J・Reiserら（2018）は「足場かけの中心的な考え方は、学習者と、それより少し有能な他者や行為者との間で作業を共有することである。そのため、足場かけは、学習者が一人でできる範囲を超えて課題のパフォーマンスをより複雑にするだけでなく、その経験から学ぶことを可能にする」と述べています。学習者が自分よりも少し経験や知識のある他者と協働することによって、自分の現在の力ではなかなか解決できなかった課題解決への取組を可能にすることができるということです。

河野麻沙美氏（2019）も足場かけをするのは、学習者よりも「より有能な他者」であると述べ、「まだ見通しがもてない学び手にヒントを出したり、指示を出したりするようなはたらきかけ」をして見通しがもてることをあげています。

Brian・J・Reiserらは、教師など他者と協働する中で、よりレベルの高い課題の解決が可能となることを述べていますが、ここでは、現在の学習者の状況よりも知識や経験の豊かな存在によるモデル学習によって、足場かけをすることが示されています。

これらのことから、学習課題を設定した後、どのように解決していったらよいかの見当がつかず、考えあぐねてしまう学習者に対して、その学習者よりも知識や経験の豊かな人たちとともに協働して課題を解決していく方法と、モデル学習等によって自力解決にアプローチしていく方法が見いだせます。両方とも、学習課題の解決に向けて踏み出せない学習者が、課題解決に向かうためには頼もしい方法となります。

ただし、前者の、自分よりも有能な他者との協働には注意が必要です。まず、直面する課題に対して、教室の多くの学習者にとって解決のための知識や経験がない場合には、協働は機能しません。また、課題設定から課題解決までの間、一貫して協働学習をした場合、課題解決は可能になりますが、有能な他者にもたれかかるような活動をしていたら、個人の課題解決力の獲得は難しくなります。課題解決のために、まず、協働で考えて解決の方向性を見いだせたら、いったんは個人での課題解決に戻すことが必要になります。ただ、いずれにしても、学習課題設定から個人追究への間に課題解決のための足場かけをすることが効果的であろうということが言えます。

そこで、足場かけとして学習者と共有するのが**「見通し」**です。

「見通し」には、2つの種類があります。

1つは、**活動の見通し**です。例えば「まず、1人で10分間考えてノートに自分の考えを書きましょう。それが終わったら、隣同士で書いたことを発表し合います。そして、クラス全体で話し合い、最後にもう一度自分の考えを書きます」といったような、**学習の流れを示すもの**です。

活動の見通しを示すことによって、学習者はこの1時間がどのような流れで進んでいくのかを知ることができます。授業の流れは一般に授業者が構想するものなので、授業冒頭では、学習者にとって本時がどのように展開していくのかはブラックボックスに入っています。先が見えないことにより不安になる学習者もいます。「活動の流れ」を明示することによって、1時間の流れがはっきりするので、学習者は安心して授業に臨むことができます。

学習課題を示し、活動の見通しを示し、学習者に個人追究をしていくよう指示します。

やはり、学習者の鉛筆は、活動の見通しを示さずに個人追究に入ったときと同様、なかなか動きません。それは、学習者にとって、どのように授業が進んでいくかがわかっても、課題を解決するためにどのようにしたらよいかがわからないからです。

そこで必要になるのが、**見方・考え方の見通し**です。

見方・考え方の見通しは、**「どこに目をつけ、どのように考えるか」の2つが具体化されたもの**です。

言い換えると、言葉で書かれた対象や、言葉で書かれていない対象をどんな視点で捉えたり、捉え直したりするのか、どのように考えるのかといったことが共有されることです。こうすることで、多くの学習者は、「取りつく島もない」状況を免れ、課題解決のための思考を働かせていけるようになります。

そして、その後の個人追究、協働追究といった展開の中で、見方・考え方をたくさん働かせていくことによって、課題解決することができるだけではなく、見方・考え方という課題解決の力もつけていくことができます。

では、例示した授業での見方・考え方の見通しはどのように設定したらよいのでしょうか。考え方としては、俳句の様子を「くっきりと」思い浮かべるわけですから、俳句に書

かれている言葉の意味を具体化していくことが必要になります。見方は、この句の多義性に着目し「見えるもの」「たとえ」とします。

少し具体的に述べます。

この句は「瀬」を「見えるもの」として捉えると、水の流れに映ったいわし雲が、水の流れとは反対方向に進んでいるといった解釈をすることができます。

一方で、「瀬」を「たとえ」として捉えると、瀬は大空を大きな水の流れる場と見立てられ、大空にいわし雲が流れているという解釈をすることができます。この句の場合は、言葉の多義性に着目して見方を設定しました。

このようにして見方・考え方の見通しを設定し、追究場面で盛んにそれを働かせ、課題解決に至ることにより、学習者は当該の見方・考え方の有用感をもち、それを働かせる力を高めていくことができます。また、見方・考え方の明示により、学習者は、追究を進める手がかりを得ることができ、鉛筆も動きやすくなっていきます。

しかし、「『見えるもの』『たとえ』に目をつけてそれをくわしくしよう」という見通しを設定しても、まだ、どのように意見をつくったらよいかがわからないという場合は多くあります。

そこで必要に応じて、見方・考え方を働かせて意見をつくるためのフォーマット（書き方）を示します。

「見えるもの」を例にすると、次のようになります。

見えるものに目をつけると「…」と書いてあって「…」は～ので、□□が浮かびます。

このようなフォーマットを示しても、すらすらと自分の考えを書けない学習者は多くいます。むしろ、穴あきが多くて混乱する学習者もいます。そこで必要になるのが、実際に考えを入れたモデルです。

例えば、「見えるものに目をつけると『いわし雲』と書いてあって『いわし雲』は白い

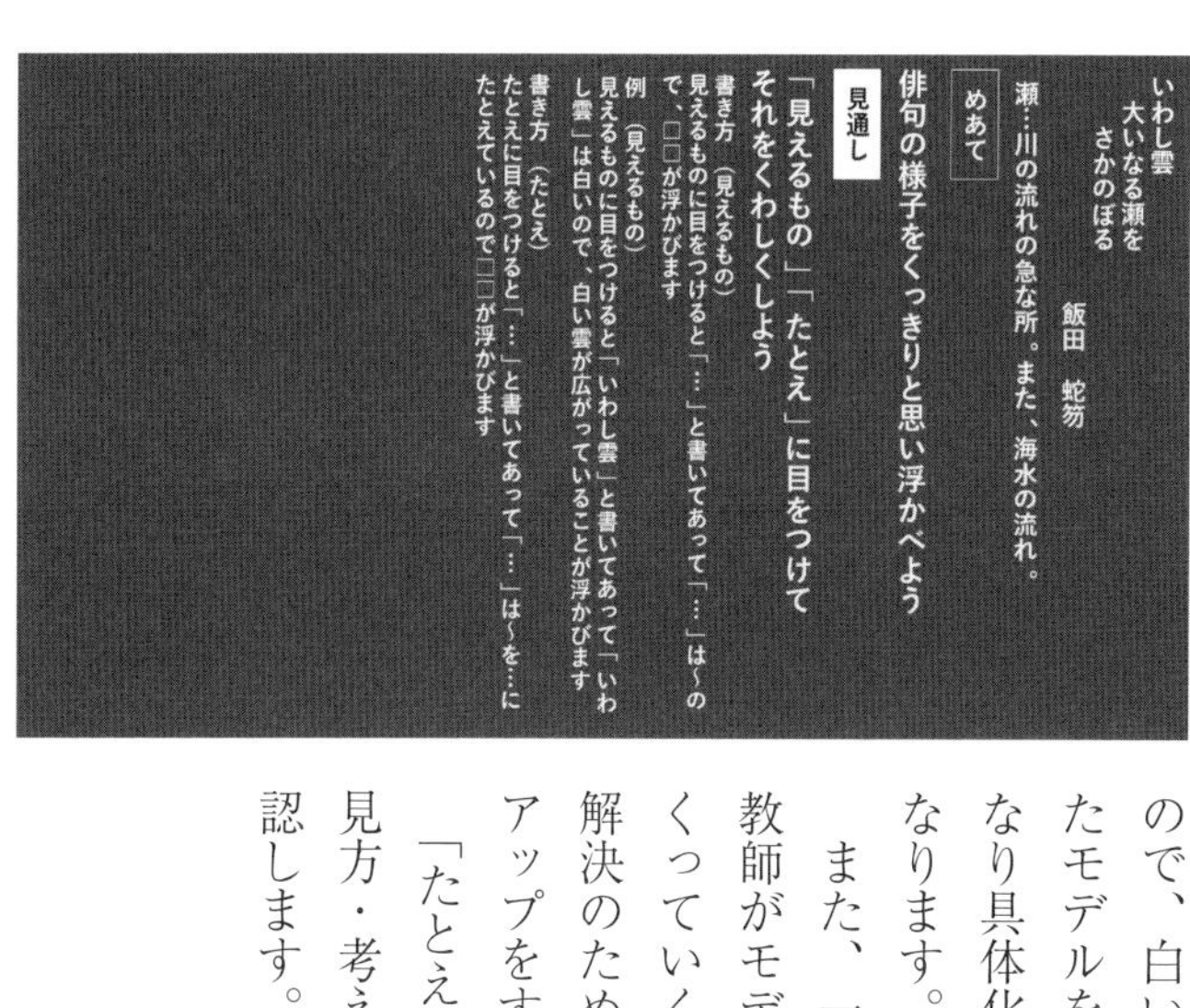

ので、白い雲が広がっていることが浮かびます」といったモデルを示します。そうすると、活動のイメージがかなり具体化するので、考えを書いていける学習者が多くなります。

また、一斉指導の中で実際に考えをつくるときには、教師がモデルを示すのではなく、教室全体で少しずつつくっていくことが望ましいです。そうすることで、課題解決のために一度見方・考え方を働かせるウォーミングアップをすることができます。

「たとえ」に関してもフォーマット（書き方）を示し、見方・考え方の見通しが定まったら、活動の見通しを確認します。

個人追究

追究の見通しが定まったら、個人追究の時間を取ります。

基本的には、まず学習者が1人になって課題を追究する機会を設けます。

学習者は、1人になって課題を追究していくときに、見通しで位置づいた見方・考え方を働かせようとがんばります。そのとき、すぐに自分の考えをもてる場合もあれば、ある程度の時間を要する場合もあるでしょう。このような試行錯誤を繰り返しながら、見方・考え方を働かせて、考えをつくっていくことで、課題に対する考えをもてるようになるとともに、見方・考え方を豊かにしていくことができます。

体育の授業で動きのコツは理解していても、実際に何度もやってみないと跳び箱やマット運動などで自分がやってみたい技ができるようにならないのと同じイメージです。

このとき、課題解決までにかかる時間には個人差があります。

早く考えがもてる学習者もいれば、考えをもつまでに時間を要する学習者もいます。そこで、**ある程度の数の学習者が考えをもてるような時間設計をすること、また、早く考えをもつことができた学習者は何をすればよいのか明確にすることが必要**になります。早く考えをもつことができた学習者に対して、自分が選択した以外の見方を使って考えをもつとか、隣の席の学習者が困っていたら一緒に考えるといった行動を指示します。

なお、**個人追究の時間に、学習者に百点満点の考えをもたせる必要はありません。**

この後に行う協働追究の時間で、各自が見方・考え方を働かせて見いだした考えを出し合っていきます。そこで「こんなふうに考えたらいいんだ」という気づきがあればよいのです。協働追究が、個人追究でもった課題に対する考えを磨いていくとともに、見方・考え方の質を高める場となります。

学習者の多くは、自分の考えをもつと、友だちに聞いてもらいたくなります。また、友だちの考えを聞いてみたくなります。さらに、自分の考えがなかなか浮かばなかった場合には、友だちはどう考えているのかを知りたくなります。それらは、見方・考え方の定まった見通しを設定することで、多くの学習者が考えをもてる個人追究の時間をしっかりと取るからこそのものです。

対話

少人数での対話から

個人追究の時間を終えると、多くの授業では協働追究の時間になります。このとき、すぐに学級全体での話し合い活動が始まる場合があります。

個人追究の時間に、学習者たちは黙々と、そして懸命に考えます。学習者の多くは、自分の考えをだれかに聞いてほしいと思うでしょう。

では、その後の一斉授業での話し合いの際、意見を述べる学習者はどのくらいいるでしょう。話し合いの中で学級全員が発言をするということはほとんどないでしょう。そうなると、せっかく個人追究の際に一生懸命考えた意見の多くは、だれにも聞いてもらえないことになります。とてももったいないことです。

一生懸命考えてノートに自分の考えを書いても、自分の考えをだれにも聞いてもらえないで授業を終えていく学習者は、次第に個人追究の時間に考えをノートに書くことに対する積極性を失っていくのではないでしょうか。反対に、考えをノートに書いたら友だちに聞いてもらえる、友だちの考えを聞き自分の考えを広げることができる、よくわからないところがあれば相談に乗ってもらえる、いつもこういった時間がある授業に参加している学習者は、個人追究の際に考えをノートに書こうという気持ちは強くなるでしょう。自分の考えを聞いてもらえるのは、やはり張り合いのあることです。

そこで、**個人追究の後は、少人数での意見交換を行うことが必要**になります。ペアやグループ等の単位で、意見交換に参加する学習者全員が話せるような状態をつくります。少人数ですから、全体の前で話す自信がない学習者も考えを述べることができ、相談することもできます。

ところで、「考えを聞いてみたい人のところに行きましょう」という指示のもと意見交換をする授業もあります。意見交換の状況を見ると、一見学習が活性化しているようですが、意見交換をする相手がいつも一緒に遊ぶ相手で固定されていて、多様な考えに触れられなかったり、考えを聞いてみたい人が訪れないために対話に参加できず、いつもぽつんとしている学習者がいたりするケースがあります。**「自由な対話」にすることで、かえって「不自由な対話」になることのないように気をつけたい**ところです。

目的と反応のある対話

個人追究の後、協働追究に移る際、「では、ノートに書いたことを隣の席の人と発表し合いましょう」といった指示がよく聞かれます。特に年少の授業ほど、まずAさんがノートに書いたことを発表し、次にBさんがノートに書いたことを発表し…で対話的な活動は終了となります。河野順子氏（2018）は、対話の意義を「相手との意見交換を通して社会性が養われ、自己の考えを振り返り、捉え直し、創造的に価値や意味を見いだすことである」と述べています。そう考えると、AさんとBさんがそれぞれ自分の考えを述べて終了という活動は、対話とは呼ばないものです。

このような状況に陥る原因は、**教師の「発表し合いましょう」という指示**にあります。多くの学習者は教師の指示に沿うように活動しようと努めます。特に年少の学習者ほどその傾向は強く見られます。教師の頭の中には、隣同士で考えを発表し合ったら、それに対して反応し合うだろうというイメージがあります。しかし、学習者にそのイメージはありません。発表し合うことが目的となっていて、お互いに考えを発表し合ったら目的達成、となってしまいます。

従って、**対話の規模にかかわらず、学習者に対話を促す際は、その目的も共有することが必要**です。例えば「ノートに書いたことを隣の人と発表し合い、お互いが想像した俳句の様子を聞いて、自分が思っていた様子をもっと広げましょう」とすると、学習者は、自分が想像した俳句の様子を、相手の話を聞いてさらに更新するという意識になります。

もう1つ、考えを更新していくために必要なことは**「反応」**です。特に、少人数の対話の場合には、相手の話を聞いて、自分と類似している場合には「共感」、自分が思ってもいなかった新鮮な考えである場合には「驚き」、考えの筋道や内容がよく理解できない場合には「疑問」の反応を言葉に出して行うようにします。そうすることで、聞き手にとっては考えの更新が促されますし、話し手にとっては特に「共感」「驚き」の反応がなされた場合には、自分の考えに自信をもつことができます。また、「疑問」の反応により、改めて説明を試みることで、思考が整理されていきます。

注意すべきこととして、反応が形式的にならないようにする、ということがあります。協働追究の際、発言に全員が「なるほど」「おー」などの相づちを打つ授業を見かけます。発言に対して本当に全員が同じように思っているのでしょうか。**互いを大切にすることが、知らず知らずに「同調圧力」とならないよう気をつけたい**ものです。

絞り込む対話、高め合う対話

少人数での対話を経たら、学級全体での対話となります。

このときの対話には、大きく2つの性格があります。

1つは**「絞り込む対話」**です。**課題に対する答えを多面的に追究し、絞り込んでいくものです**。OECD（2023）が「言説や考えや理論を、代替可能な説明や解決方法と照らし合わせて注意深く評価し、判断して、（何らかの行動に向けて）自分なりの優れた立場に到達することをめざす」ものと説明している「批判的思考」を発揮し合い、最適な解を目指すものです。例えば、説明文の意味段落を「はじめ―中―終わり」に分ける際に交わされる対話は批判的思考を用いて行われます。

もう1つは**「高め合う対話」**です。**課題に対し多面的に表出される答えを組み合わせ、新たな解を創出するもの**です。OECD（2023）で「目新しく適切な考えや生産物を生み出すことをめざす」ものと説明されている「創造性」を発揮した思考が展開されていくものです。このように述べると、新奇なものであれば創造性が発揮されたと考えてしまいがちですが、OECD（2023）では「創造とは新しいことを行うだけでなく、基準や制限のあるシステムや状況において発生することを意味している」とも述べられています。つまり、**適切な根拠や理由づけに基づいた思考によって新たなものが生み出されることが創造である**ということです。例えば、スピーチをつくったり、意見文を書いたりするといったときの思考は、創造性を発揮して展開されます。

授業の中での対話は、大きな方向性として「絞り込む」ものか「高め合う」ものかという違いはあるものの、例えば「高め合う対話」が交わされていく中で、だれかの発言に対して内容や筋道の点について疑問がある場合、批判的思考を使った「絞り込む対話」が交わされることがあるように、過程では、批判的思考と創造性の発揮が繰り返されます。

とはいえ、授業の中では、絞り込んでいくのか、高め合っていくのかの方向性を学習者と共有することが必要です。そうすることで、お互いの考えをどのように受け止めればよいのかに関する意識がそろいます。なお、本章で取り上げている対話は「高め合う対話」を目指します。本章で取り上げた俳句は、読み手により見えている様子が異なり、多くの読みは妥当性の高いものとなります。学習者には**「お互いの考えをたし算しよう」**と呼びかけると、互いの考えをよく聞いて質の高い解釈を目指そうという意識につながります。

本章で取り上げた俳句の場合、まず「たとえ」に目をつけて追究した発言を求めます。

「『瀬』は、大空を広い海にたとえている。大きな空に、たくさんのいわし雲が流れている」といった発言がなされます。その後、教師は「『たとえ』で『瀬』について考えた人、他にもいますか？」と尋ね、同じ見方を働かせ、同じ対象に目をつけている学習者に発言を求めます。全体追究の際、1人の学習者が発言した後に「他にありませんか？」といった形でランダムに発言させていくと、学習者がそれぞれ別の視点で語り出すことを許容することになり、話し合いの内容が拡散してしまいます。**まず、見方が同じであったり、対象や根拠が同じであったり、あるいは主張が同じであったりする意見群を出させてから、別の見方に移行することが望ましい**でしょう。

「たとえ」を視点とする意見がひと通り出されたら、「見えるもの」に目をつけて追究した発言を求めます。「『瀬』と書いてあって、大きな川にいわし雲が映っていて、それが流れているのが見える」「『さかのぼる』と書いてあるので、大きな川に映っているいわし雲が川の上流に向かって流れているのが見える」といった発言がなされます。あるいは「大きな海にいわし雲が映っていて、それが手前から遠くの方に向かって移動している」といった発言がなされる場合もあります。

学習の見通しで、見方を「たとえ」「見えるもの」とすることにより、学習者が本来も

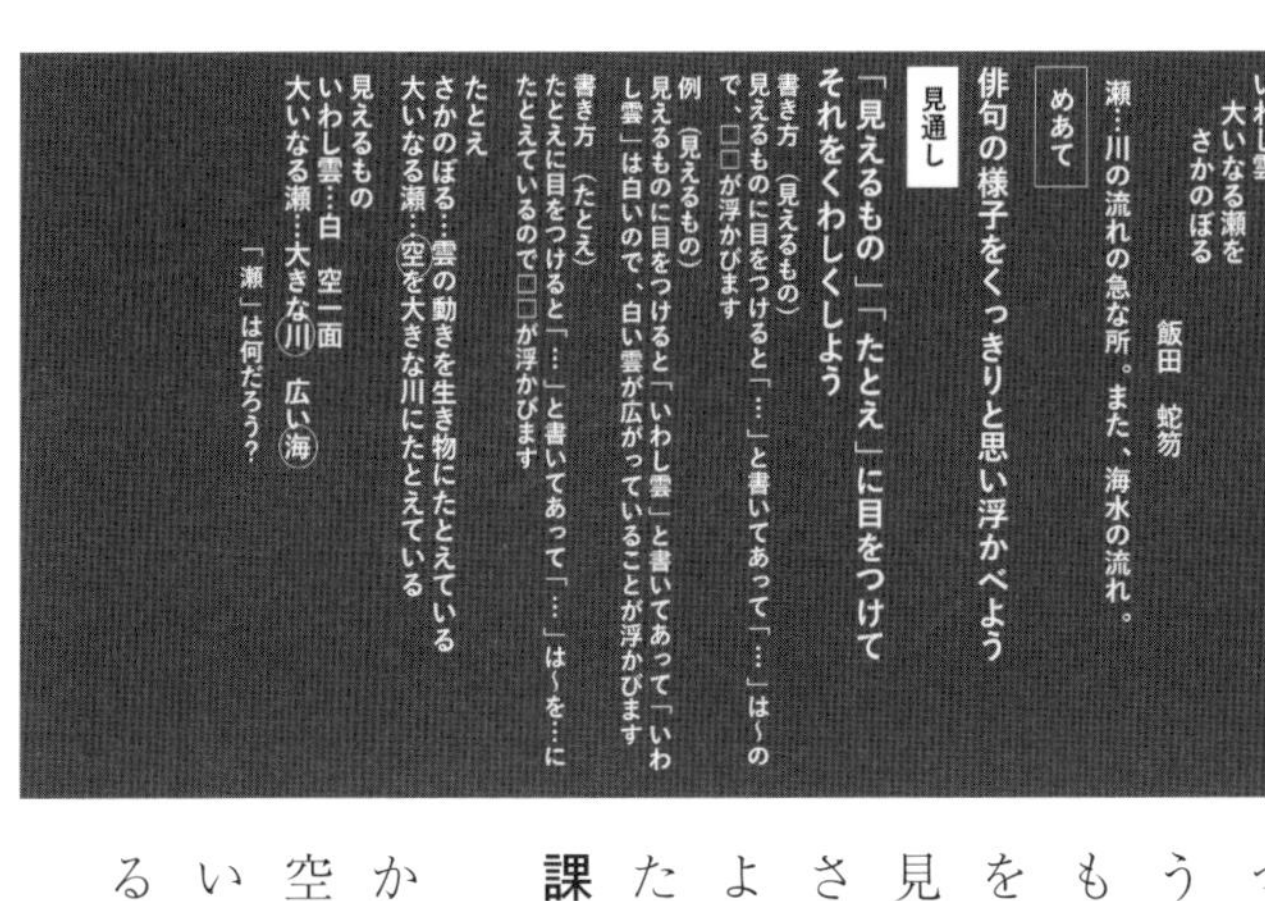

っている自然な見方を阻害し、解を教師の都合のよいように狭くしてしまうのではないか、という危惧をもつ方もいらっしゃると思います。確かに、俳句の解釈コードをあらかじめもっている学習者もいるとは思いますが、見方を設定することにより、必ずしも学習者の解が限定されてしまうことはありません。むしろ、見方の設定により、多様な意見が生まれ、「じゃあ、いわし雲はいったいどこにあるんだ？」というように、**一層焦点化した課題の契機**になります。

　川や海にいわし雲が映って見えるという立場の学習者からは、さらに「川や海に雲が映っているということは、空にいわし雲があるはずなので、語り手は、空に浮かぶいわし雲と、川（海）に映るいわし雲の両方を見ている」といった意見も出されます。

見方・考え方を読み合い、価値づける対話

学習者の発言がなされたとき、教師は「Aさんには、川をいわし雲がさかのぼっているように見えているんですね。奥行きがありますね」といったように、発言の「内容」を要約したり、価値づけたりすることがよくあります。そうすることによって、発言内容が学級全体により的確に伝わったり、内容的な質の高さが共有されたりします。発言した学習者や、同様のことを考えていた学習者にとっては、教師からの価値づけが自信につながります。

同様に、**見方・考え方を育んでいくという意味では、学習者の見方・考え方を共有したり、価値づけたりすることが効果的**です。例えば「Aさんは『見えるもの』として『瀬』に目をつけたのですね」と教師が述べることは、Aさんの見方を共有していることになります。また「『瀬』と書いてあって、大きな川にいわし雲が映っていて、それが川の上流に向けて移動しているのが見える」という発言がなされた場合、「Aさんは『見えるもの』として『瀬』以外の言葉にも目をつけていますね。皆さん、何だと思いますか?」と発問することにより、「さかのぼる」にも着目しているというAさんの見方を共有することに

なります。さらに「いわし雲が俳句のはじめに書いてあるので、語り手は、まず空に浮かぶいわし雲を見て、次に川（海）に映るいわし雲を見て、その後、両方を見ている」といった発言に、「Aさんの俳句に書かれた言葉の順番に見えるものを意識すると、俳句が立体的になりますね」と見方の価値づけをすることにより、見方のよさが全体に広がり、その見方を働かせた学習者は自信をもつことにつながるでしょう。

２０４０年の社会状況を見据えて策定された、中央教育審議会の第四期教育振興計画（２０２３）には「全ての子供たちがそれぞれの多様性を認め合い、互いに高め合う協働的な学びの機会も確保することなどを通して、一人一人の能力・可能性を最大限に伸ばす教育を実現し、ウェルビーイングの向上を図る」とあります。多様性を認め合い、相手を大切に思うためには、お互いが述べている内容を理解し合うこともさることながら、根本的には、お互いの見方・考え方を理解し合うことが必要です。中田正弘氏ら（２０２３）は「オランダの教師は、自国で実践している自律分散型の学習スタイルに足りない点を日本の教育シーンに見出している」と述べていますが、日本の授業の協働学習は世界に誇るべきものです。**内容とともに、見方・考え方を理解し合い、価値を認識し合える対話を心がけることで、追究の内容や見方・考え方の質の向上、及び、他者理解にもつながります。**

まとめ

協働追究では、「たとえ」「見えるもの」それぞれの見方に沿った考えを出し合った後、お互いの考えに対する質問を出し、答えたり、意見交換をしたりする活動を行います。高め合う対話を行っていく際には、互いの考えに対して否定するような意識ではなく、受容しようとする意識や態度が求められます。

協働追究後には、改めて自分の考えをもちます。

授業は協働追究を展開しているときが一番盛り上がります。楽しい時間です。その結果、チャイムの音で協働追究を終了する授業も多くあります。教室には互いに意見を伝え合い、聞き合った満足感が漂います。しかし、それで終わるのはもったいないです。

授業で学ぶ目的は、学習者一人ひとりが資質・能力を身につけることです。個人追究で自分の考えをもち、協働追究で互いの考えを聞き合うことは、個人の力を高め合うためのものです。個人の力を高めていくためには、協働追究の終了とともに授業を終えてしまうのではなく、**協働追究を経て、更新された自分の考えをもたせることが必要**になります。

あわせて、学習の評価という点で言えば、協働追究を経た後の個人の考えが残されてい

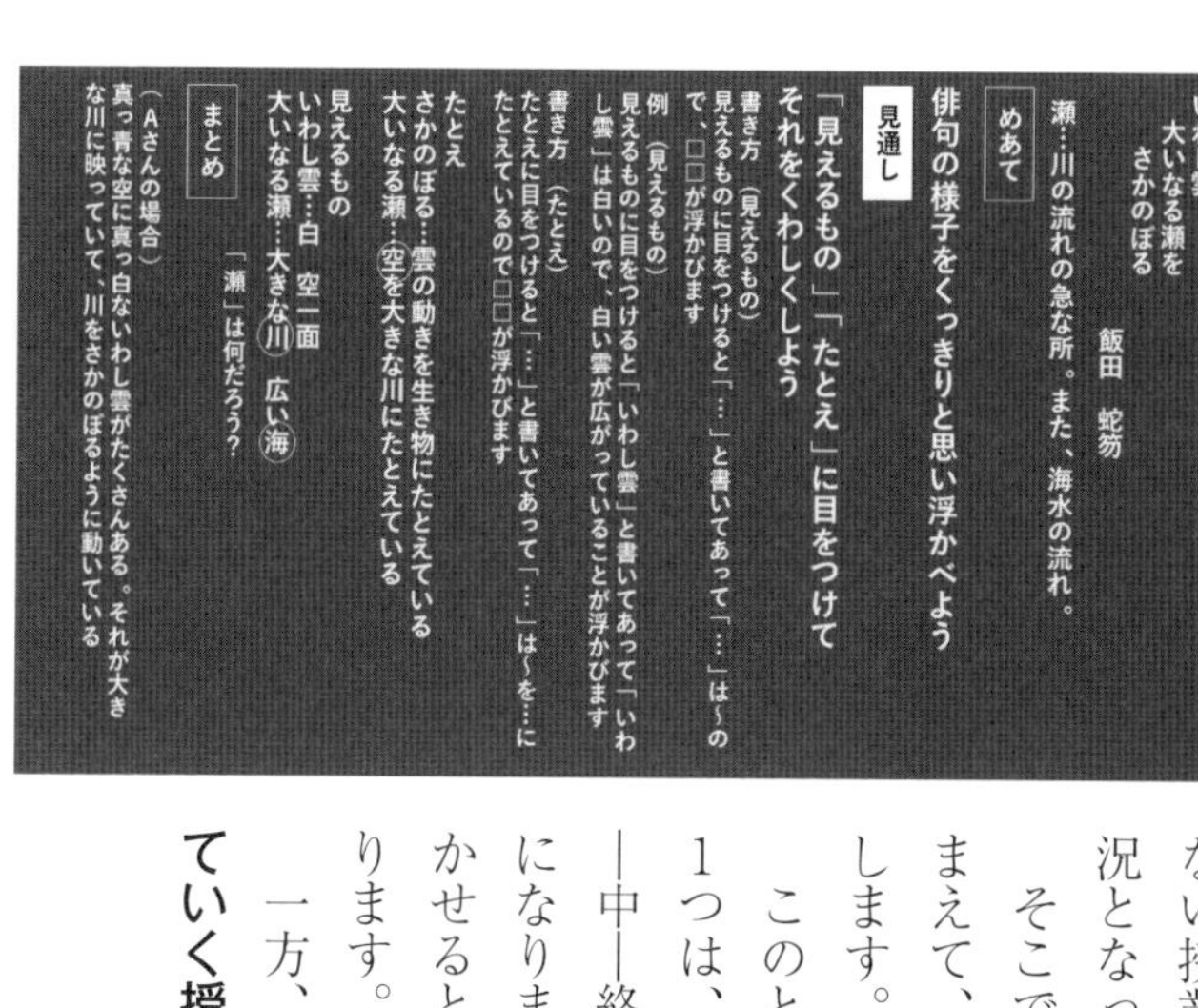

ない授業では、本時の授業で学習者がどの程度の学習状況となったのかを把握することが困難になります。

そこで、協働追究の区切りがついたら、話し合いを踏まえて、更新された自分の考えを書く時間を取るようにします。

このときのまとめは、大きく分けて2種類あります。1つは、**絞り込むまとめ**です。例えば説明文を「はじめ―中―終わり」に区切るといった授業は、まとめが1つになります。学習者にまとめを書かせるときに理由も書かせると、各自が本当に理解して書いているのかがわかります。

一方、本章で扱ってきた、**考えをたし算して高め合っていく授業のまとめは、各自の考え**になります。

振り返り

溝上慎一氏（2020）は「振り返り」について、「単に活動を思い出してまとめる『振り返り』というよりは、活動した結果を様々な文脈に関連づけて問い直し探究するだけにとどまらず、さらに問題のフレーム（枠組み）を確認・再設定（リフレーム）し、次なる活動の方向性を見定める行為」と述べています。つまり、授業終末の振り返りとは、「今日は俳句の勉強をしました」のように1時間の授業の活動をコンパクトにまとめるのではなく、**どのようなことをしたら何がわかった（できた）か、そして、次はどんなことができそうかといったことを認識すること**だと言えます。

本時の活動を通して得た仕上げとしての考えを表現する「まとめ」の段階での活動とは大きく異なります。イメージとしては、まとめは本時の活動を行っている主体の中で考えをまとめるのに対して、**振り返りは学びを展開してきた主体の外側から主体を見つめるというもの**です。

振り返りの視点としては次の4つがあります。

①本時、何ができたか、わかったか
②どんな見方・考え方を働かせたらできたか、わかったか
③友だちのどのような考えに影響を受けたか
④今後課題にすることは何か、どのように解決したいか

まず、本時の学習の到達点を意識します。例えば「今日は、『いわし雲…』の俳句の様子をくっきりと思い浮かべることができた」というように学習課題の達成を意識させます。次に、そのための方法について振り返ります。見方・考え方を育むという観点で、ここで大切にしたいことは、**どの授業からでも言えるような振り返りではなく、本時ならではのことを振り返る**ということです。例えば「友だちとみんなで話し合ったら、俳句の様子がわかった」といった振り返りの中の「友だちとみんなで話し合う」ことは、多くの授業の中で当てはまることです。ＯＥＣＤ（２０２０）は「メタ認知や自己意識（self-awareness）、批判的思考力などは『振り返り』を通して育成されていく。これらは効果的な『見通し』を行っていくためにも必要である」と述べています。本時だからこそ認識できる見方・考え方を振り返ることが、次の課題解決の力へと生きていきます。本章で取

り上げた俳句の学習では、見方として「見えるもの」「たとえ」、考え方として「くわしくする＝具体化思考」が、本時ならではの見方・考え方です。追究方法の振り返りとして「語り手になって『見えるもの』や『たとえ』に目をつけて、それを詳しくしたら、様子を詳しく思い浮かべることができた」といった言葉が出てくることが望ましいです。

ところで、振り返りのときに、「見えるもの」「たとえ」に着目して、「具体化思考」を働かせることの価値が述べられれば、活動中にそれらの見方・考え方を働かせる学習者がいたり、いなかったりするという状況があってもよいのでしょうか。言葉による見方・考え方を育むという観点からすると、やはり、個人追究、協働追究で当該の見方・考え方をたくさん働かせて、学習課題を解決したというトレーニングや満足感があってこそだと思います。従って、導入段階で見方・考え方の見通しを設定することは、授業中の一連の活動を円滑に進めていくためばかりではなく、見方・考え方を育んでいくためにも必要になります。試しに、導入で見方・考え方の設定をせずに活動を展開し、その後「今日の授業ではどんなところに目をつけて、どんな考え方をしたら、課題が解決できたかノートに書きましょう」と学習者に尋ねると、多くは鉛筆が動かず、書いていたとしても活動の流れになります。見方・考え方を端的に書いている学習者がいても、人により内容が異なるので、本時の指導事項の達成のために必要な見方・考え方を一般化し、共有することは難しくなります。

見方・考え方を育むための振り返りの中心は前掲の②ですが、その具体を認識するという意味では、友だちとの学びを振り返る、つまり、見方・考え方を働かせていた友だちの発言をフィードバックすることにも価値があります。**一般化されたものと具体のイメージをセットにしておくことで、次に同様の見方・考え方を働かせようとするときに具体のイメージが伴うから**です。また、友だちとの学びを振り返ることは、お互いをリスペクトし合う温かな学級づくりにも貢献します。

それらのうえで、次の課題解決に向けた見通しや意欲をもつという流れになります。とはいえ、振り返りの時間を長く取ることはできません。**「今日は、…と考えたら、～がわかった。○○さんの『　　』という考えがすてきだと思った。次は―したい」**というのが4つの要素を入れた雛型です。書く時間がなければ、隣の席の学習者同士口頭で言うのでもよいので、本時の学びを端的にまとめることが、次に使える学びにするために必要です。

活用への見通し

算数や数学の授業では、学習者はその日に学んだ公式などを忘れずに帰宅しようとします。忘れてしまうと宿題ができません。

一方、国語の授業はどうでしょうか。古典文法を習ったときや漢字を勉強したときは確実に覚えようとしても、『ごんぎつね』や『故郷』などの解釈を行った授業の後、家に帰ってからもう一度教材文を読んで復習しようという学習者は稀有だと思います。

また、例えば『ごんぎつね』の解釈を行い、気持ちが通い合うことの困難さや尊さといった教材文を学んで得た内容的な価値の認識はしていても、**「小道具を取り出して比較することで登場人物の気持ちの変化が読み取れる」といった見方・考え方の認識をする学習者は少ない**でしょう。

例えば、小説・物語教材を扱う単元の場合、作品世界を読み解き、そこから浮上するテーマを認識することは、そのために教室で読み取りの学習をしているわけですから、何より大切なことです。あわせて、**家に帰って練習問題を解いたりすることのない教科だからこそ、「読み取りができたのはどのような見方・考え方を働かせたからなのか」という、**

見方・考え方の価値を授業の中で認識し、使ってみたいという気持ちをもたせることが必要です。

見方・考え方のよさを認識させる振り返りが済んだ後、「今日は俳句をみんなで読みましたが、今日勉強した読み方が他にも使える場面はないでしょうか?」と学習者に問いかけます。「俳句と似ている短歌を読むときに使える」「詩を読むときに使える」といった発言が想定されます。教師から続けて「物語を読むときにも、１つの言葉に注目してその言葉の意味を詳しく想像すると、様子がくっきりと見えてきますね」と加えることもできます。そのうえで、「俳句、短歌、詩や物語で、今日勉強した読み方を使って読んでみましょう」とか「図書館で借りている物語に書かれている言葉の意味を詳しく想像して読んでみましょう」と投げかけます。

まず「今日の学びがどこで役に立ちそうか」と尋ねることで、本時の学びを活用する意識を活性化させることができます。続けて、具体的な場面を意識させていくことで、実際に使ってみようという意識を高めることにつながります。

見通しを大切にする

ＯＥＣＤの考え方

言葉による見方・考え方を働かせ、育む授業デザインとして、導入の「見通し」で見方・考え方を共有することを述べました。

ところで、教科書の教師用指導書・研究編の中の毎時間の授業展開案で示されている板書例や、毎時間の授業プランが書かれた教育書で示されている板書例を見ると、学習の「めあて」が書かれた次には、協働追究での学びの様子が来る場合が圧倒的に多いです。めあての隣に本時で働かせたい「見方・考え方」が示されていることは稀です。

実際の国語の授業でも、学習のめあてを共有した後は活動に入っていくことが大変多く、「このめあてを達成するためには、どこに目をつけて、どう考えたらいいかな？」と学習者に考えさせる場面はあまり見られません。

しかし、見方・考え方を働かせ、育む、言い換えると、**課題解決に資する認知スキルを獲得していくには、授業導入で課題解決のための見通しをもつことが必要**です。そこでここからは、様々な教育方法を取り上げ、見通しの内容や大切さについて考えていきます。

まず、本書では何回も取り上げているＯＥＣＤのEducation2030です。ＯＥＣＤでは、コンピテンシー育成のサイクルとしてＡＡＲサイクル（白井、２０２０）という考え方を示しています。ＡＡＲサイクルとは、見通し（Anticipation）、行動（Action）、振り返り（Reflection）のことです。ここでは、見通し（Anticipation）について「事前に行動の結果を予測したり、他者の意図や行動、感情を推測したり、自分や他者の視野を広げようとする」ことであり、見通しの本質的な要素は「予測すること」にあると説明されています。また「自分自身はもちろん、他者の意見や考えについても客観的・批判的に考えるという意味で、批判的思考力も重要になる」とも述べられています。つまり、ＯＥＣＤのあげている見通しは、**自他の考えを客観化し、お互いの視野を広げようという意志をもち、活動の結果を予測し、最善の行動を取るための準備**と捉えることができます。抽象的ではありますが、活動の手続きの見通しや、課題解決のための考え方の見通しが含まれていると言えるでしょう。

自己調整学習

ＯＥＣＤの掲げる「見通し・行動・振り返り」のＡＡＲサイクルそれ自体は新しい考えではなく、「これまでの様々な研究成果を踏まえたもの」（白井、２０２０）です。

このサイクルを用いたものに、「自己調整学習」があります。Barry J.Zimmerman ら（２００８）は、自己調整スキルについて比喩的に古代中国思想家の言葉として「魚を一匹もらうと、一日は食べていける。魚釣りの方法を学ぶと、一生食べていける」と述べています。自己調整学習のサイクルは、以下のように示されています。

①自己モニタリングと評価　②計画作成と目標設定
③方略の実行とモニタリング　④方略結果のモニタリング

大まかに言えば、自己調整学習とは、**課題に直面した際に、まず自分の状態を把握したうえで、見通しをもち、方略を実行し、振り返ることを通して、課題解決力をつけていくもの**です。

自己調整学習のうち、読解についてStephen M Tonks ら（２０１４）は、自己調整を①予見、②行動／意思のコントロール、③自己内省の3段階に分けています。そのうち、

「予見」の手続きについては次のように示されています。
・質問する（学習者が学習目標を立てるのを助ける）
・すべての学習者が概念的テーマにつながるために知識獲得の目標（knowledge goal）を立てる
・教師のお手本によって特定の文章を理解するための目標を示す
・方略指導によって読解の自己効力感を高める
・読解を行う前の実世界での体験によって興味を高める
この手続きでは、まず質問により、学習者に課題意識を与え、学習課題となる目標をもたせます。その後、教師の手本を見せることによって、課題解決の過程と達成状況を共通理解させ、読解方略を指導し、さらに学習者自身によるモデル活動となります。すなわち、**学習課題を設定した後、手本・方略指導・モデル活動という段階を経て課題解決のための見通しを共有するという流れ**になっています。課題解決力をつけるための自己調整学習では、課題設定をした後、すぐに個人追究にはならず、どのように考えたら解決できるかという見通しを丁寧にもたせていることがわかります。

ファシリテーション

中央教育審議会答申（2021）「『令和の日本型学校教育』の構築を目指して～全ての子供たちの可能性を引き出す、個別最適な学びと、協働的な学びの実現～」には、教員の資質・能力として「例えば、使命感や責任感、教育的愛情、教科や教職に関する専門的知識、実践的指導力、総合的人間力、コミュニケーション能力、ファシリテーション能力」があげられています。

教師に求められる資質・能力の1つとして「ファシリテーション能力」が取り上げられています。「中央教育審議会『令和の日本型学校教育』を担う教師の在り方特別部会（第3回）・免許更新制小委員会（第4回）資料2」（2021）では、ファシリテーション能力が特に発揮される主な場面として、「教師同士の相互作用」「教師と子供の相互作用」「子供同士の相互作用」の3つが示されています。中でも「教師と子供の相互作用」「子供同士の相互作用」のうちの授業実践に関しては、「『主体的・対話的で深い学び』の実現に向けた授業改善を行い、子供同士の考えをつなぎ、子供とともに創造する授業実践」が示されています。「子供同士の考えをつなぎ」「子供とともに創造する」といった言葉からは、教師がリードして授業を展開していくのではなく、**教師は学習課題の解決に向けた追究を進める学習者同士の発言の仲介役となったり、学習者とともに課題解決に向かったりする役割を果たす存在である**と解釈できます。

では、このようなとき「見通し」は不要になるのでしょうか。

Adam Kahane（2023）が『共に変容するファシリテーション』で「すべてのファシリテーションで取り組まなければならない5つの問い」としてあげているもののうちに「現在地から目的地までどのような道筋をとるか」があります。ファシリテーションを行ううえでも「見通し」は大切になることが示唆されます。

さらに、堀公俊氏（2018）は『ファシリテーション入門（第2版）』で「すべての問題をゼロから考えるのは大仕事です。あらかじめ『こう考えれば分かりやすい』『こう考えると答えが出しやすい』というものが分かっていれば大いに助かります」と述べ、そのうえで、堀は「ビジネス・フレームワーク」として、ベン図、ピラミッドチャート、フローチャートなどを示しています。

ファシリテーションを大切にした授業でも、やはり考え方の見通しは大切であることがわかります。

学習の個性化

多様な学習者の状況に応じた学びを可能にする授業づくりの1つとして「自由進度学習」があります。自由進度学習は、「授業の進度を、子どもが自分で自由に決められる自己調整学習の一つの手法」（蓑手、2021）です。授業の進度を学習者に委ねるということは、学習課題の共有の後は、各自が自由に課題追究をしていくというイメージがあります。竹内淑子氏（2022）は、自由進度学習の流れを、「①ガイダンス、②計画、③追求、④まとめ」と述べています。

「自由」といっても学びのすべてが自由というわけではなく、学習者は、単元のはじめのガイダンスで単元全体の目標や学習課題を理解し、次に、各自で学習計画を立てた後に、基本的には1人で追究し、その後協働追究へと移行するという流れとなっています。

学習課題解決の見通しに関わって、竹内氏（2022）は「『学習の手引き』をもとに単元全体の流れの見通しをもたせる。チェックの内容や、まとめの方法など具体的な活動のめあてなどを知らせる」と述べています。学習の手引きに関わって、さらに、奈須正裕氏（2023）は「学習のめあて、学習内容、標準的な時間数、多くは問いかけの形で書かれた単元の導入に当たる短い文章、基本的な学習の流れ、教科書の該当するページや利用可能な学習材・学習機会に関する情報がわかりやすくコンパクトに記されている」と述べるように、自由進度学習では、活動の見通しが詳しく示されることがわかります。

同じく学習者一人ひとりの学び方に対応するという授業スタイルに「学習センター」があります。Starr Sacksteinら（2022）は「教師の継続的な指示を必要とせず、生徒が自律的に学べる教材を用意したコーナーを教室内に複数設置した学び方・教え方」と説明しています。センターには、「アート・コーナー」「ライティング・コーナー」を設け、各自が好きなコーナーで学習します。ただここでも、「専門家の時間」をつくり、学習者に学習計画をつくらせる、最後にどのようになっていれば「目標達成」なのか決定させる、といったように、放任するのではなく、学習の見通しをもたせていることがわかります。

活動の自由度が高いからこそ、むしろ、活動前の見通しが大切であることがわかります。

考え方の見通し

学習の見通しとしては、活動の見通しの他に「考え方の見通し」があります。

坂本尚志氏（２０２２）は、「思考の型」の利点について「『型』を知っている人にとっては、どの部分がどのような役割をしているか、そしてその『型』に従って述べられている主張は何かということは、意見の内容がどうであれ、かなりわかりやすくなるはずです」と述べています。

渡邉雅子氏（２０２１）は「『論理的思考』の社会的構築」でフランスの小学校での国語の授業について述べています。１つのまとまった物語を創作するための指導の実際では、学習者はまず物語の「定義」を学び、次に物語の「基本構造」を学び、物語の枠組みを理解した後で、物語の構想を立てていきます。渡邉氏は学習者へのインタビューを基に「物語とはどのようなものなのかの定義と型を教えれば、その方程式に沿って誰でも即興で物語を書けるようになる」と述べていますが、考え方の見通しを具体的にもたせることにより、課題の達成とともに、考え方の獲得にもつながることが示されています。

松下佳代氏（２０２１）は、学校で身につけてほしい力を「対話型論証」（ある問題に

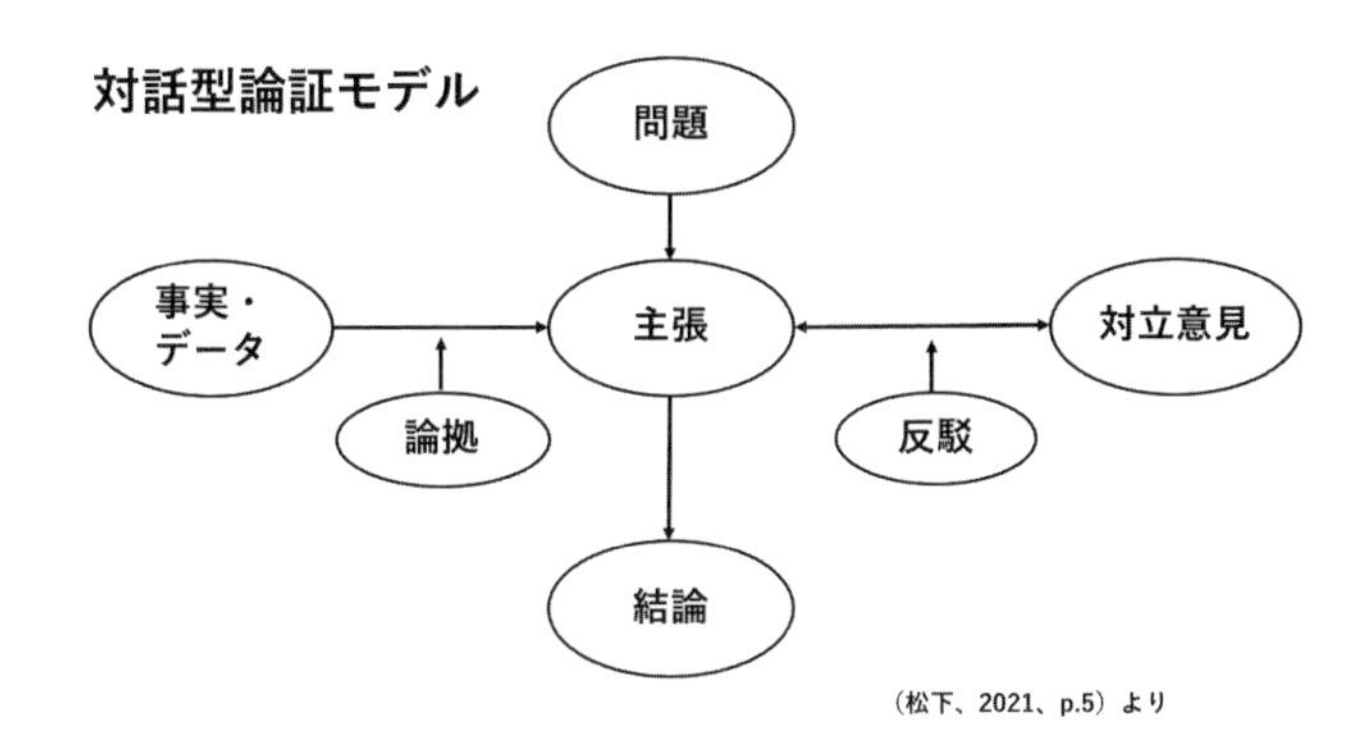

（松下、2021、p.5）より

対して、他者と対話しながら、根拠をもって主張を組み立て、結論を導く活動）の力と述べ、対話型論証モデルを個人・グループなどでつくりながら思考を図式化し、課題を解決する単元・授業モデルを示しています。

H.Lyn.Erickson ら（２０２０）は、思考を促す問いの１つとして、「概念的な問い」をあげ、概念的な問いは一般化が転移可能であるように、異なる例で用いることができると述べています。概念的な問いは考え方の見通しと軌を一にしたものだと言えます。

本章で示してきたように、**学習スタイルは多様でも、学習の見通しがあることは共通している**ことがわかります。

見通しのもたせ方

教師が示す

これまで述べてきたように、授業の導入では学習の見通しをもたせることが必要になります。それは、その後の学習者の活動が円滑に進められるためや、より質の高い考えをもつためといったこともありますし、見方・考え方を獲得していくためでもあります。

では、見通しをもたせるにはどのような方法があるのでしょうか。

1つ目は、「いわし雲…」の授業デザインでも用いた**「教師が見通しを示す」**という方法です。学習課題を共有し、その後の個人追究や協働追究の中で試行錯誤していれば、課題解決をするのに適切な見方・考え方を学習者が見いだし、働かせていくものだという考え方もあるでしょう。そのような授業もあって然るべきですが、課題解決のために本時に働かせたいと教師が意図した見方・考え方が現れない場合、一部の学習者しか教師が意図

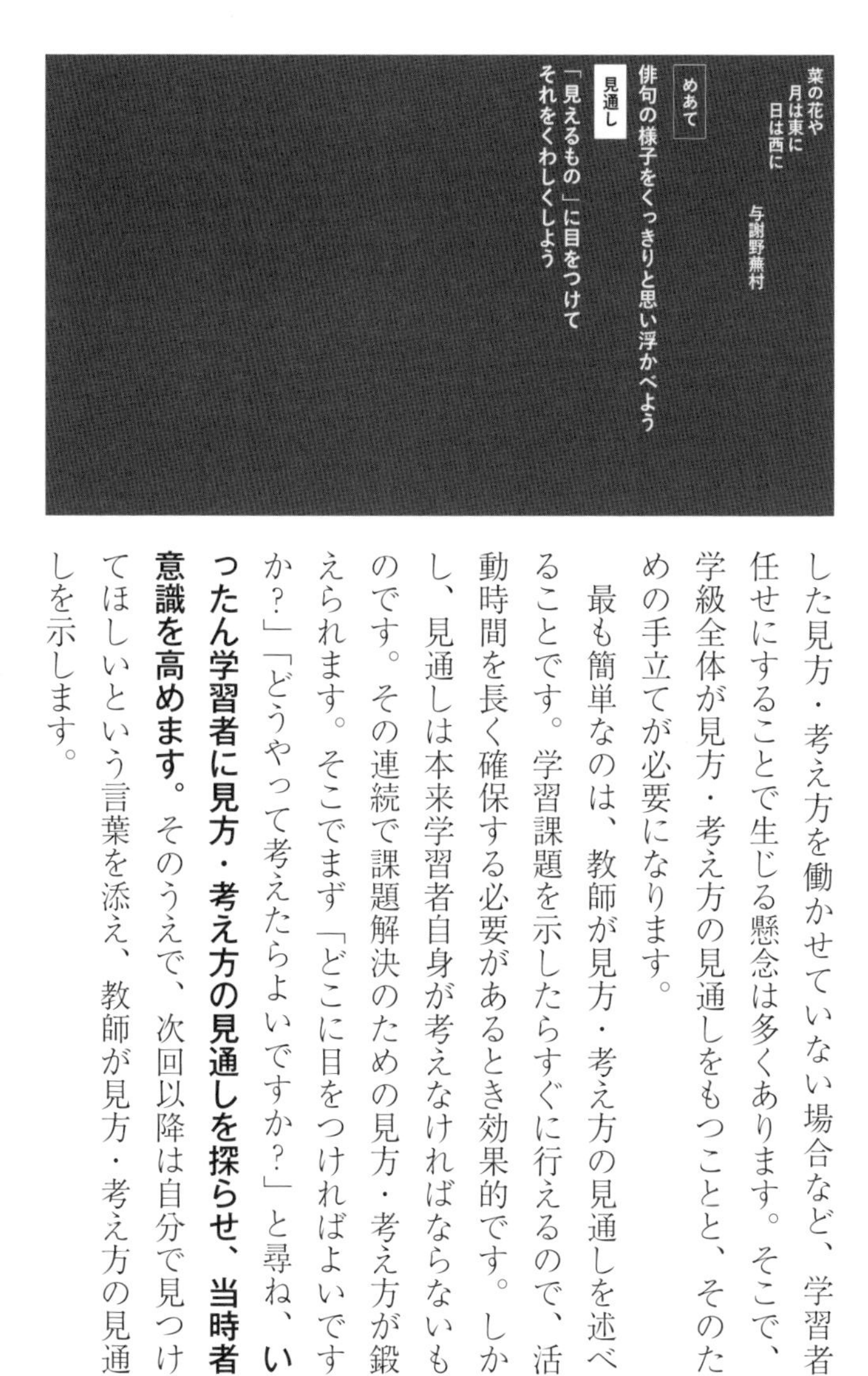

した見方・考え方を働かせていない場合など、学習者任せにすることで生じる懸念は多くあります。そこで、学級全体が見方・考え方の見通しをもつことと、そのための手立てが必要になります。

最も簡単なのは、教師が見方・考え方の見通しを述べることです。学習課題を示したらすぐに行えるので、活動時間を長く確保する必要があるとき効果的です。しかし、見通しは本来学習者自身が考えなければならないものです。その連続で課題解決のための見方・考え方が鍛えられます。そこでまず「どこに目をつければよいですか？」「どうやって考えたらよいですか？」と尋ね、**いったん学習者に見方・考え方の見通しを探らせ、当時者意識を高めます。**そのうえで、次回以降は自分で見つけてほしいという言葉を添え、教師が見方・考え方の見通しを示します。

教師が示した後、モデル活動を行う

2つ目も、教師が見通しを示すものを紹介します。

ここでは、見方・考え方の見通しを示した後にすぐ個人追究を行うのではなく、**モデル活動**を行います。

学習者の既有の見方・考え方を引き出す場合であれば、見方・考え方の見通しを設定してから個人追究に入ったときに何をどうしてよいのかわからないといった姿は少ないことが予想されます。

しかし、学習者に見方・考え方の持ち合わせがない、あるいは、自覚がない場合には、その見方・考え方を働かせた活動のトレーニングをして、見方・考え方の働かせ方のイメージをもたせることが必要になります。それがモデル活動です。

モデル活動の進め方には、いくつかの方法があります。

まず、**見方・考え方を働かせた意見のフォーマットを示して、学級全体に対して考えをつくってみることを促す方法**です。この方法だと、反応の速い学習者が答え、それをモデルとしてその後の個人追究へと移行する形になります。そうすることのメリットとしては、

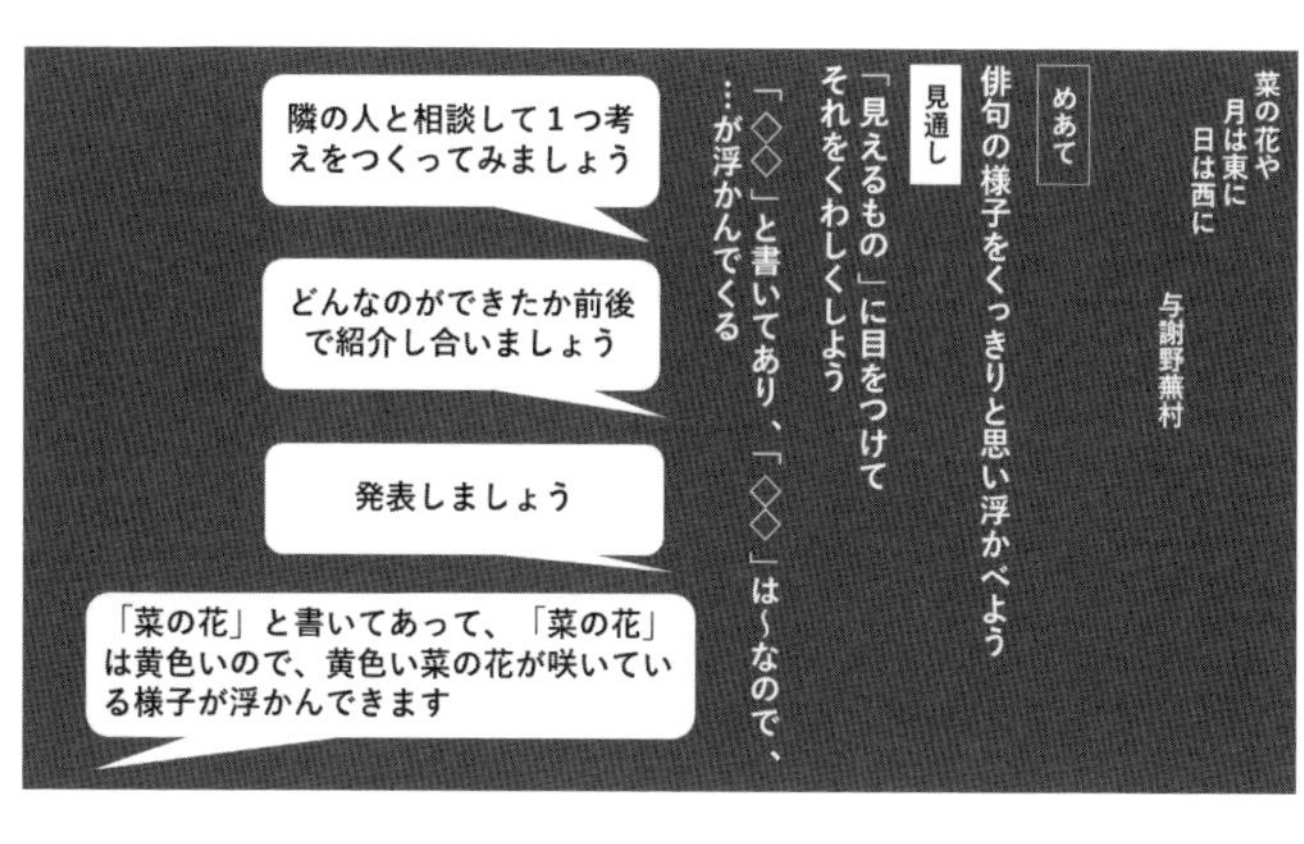

見通しを示してから個人追究に移行するまでが短時間で済むということがあります。

一方で、反応の速い一部の学習者は見方・考え方を働かせるイメージはつかめるのですが、どのようにしたらよいかよくわからない学習者がある程度いる状態で個人追究に移ってしまうということがあります。

モデル活動を全体に対して呼びかけるのではなく、ペアで行う方法もあります。

この方法では、まだ見方・考え方をどう働かせるか理解が十分でない学習者も、ペアになることによって、相手と試行錯誤しながら見方・考え方の働かせ方のイメージを見つけていくことができます。

モデル活動から「見方・考え方」を引き出す①

学習課題を解決するための見方・考え方は、教師が示すよりも、学習者が見いだす方がよりよいでしょう。見方・考え方を教師が短時間のうちに示すより、展開の時間を十分に取り、学習者が見方・考え方をたっぷり働かせて課題解決することによって、見方・考え方の定着につながることは多いものです。

また、教師から与えられた見方・考え方に窮屈さを感じる学習者もいるでしょう。実社会などでは、課題を解決していく際に、解決のための見方・考え方は自分で考えなければなりません。授業の中で学習課題とともに、それを解決するための見方・考え方まで示されることは、課題解決に向けてかなりのお膳立てをされていることになります。示される見方・考え方の一般化を意識させない限り、課題解決力をつけさせるために行っている手立てが、かえって学習者の課題解決力を育むことを阻害してしまうことにもなりかねません。

学習者が主体的に見方・考え方を探索し、意識化していくためには、学習者に課題解決のための見方・考え方を発見させたり、認識させたりすることが必要になります。そのた

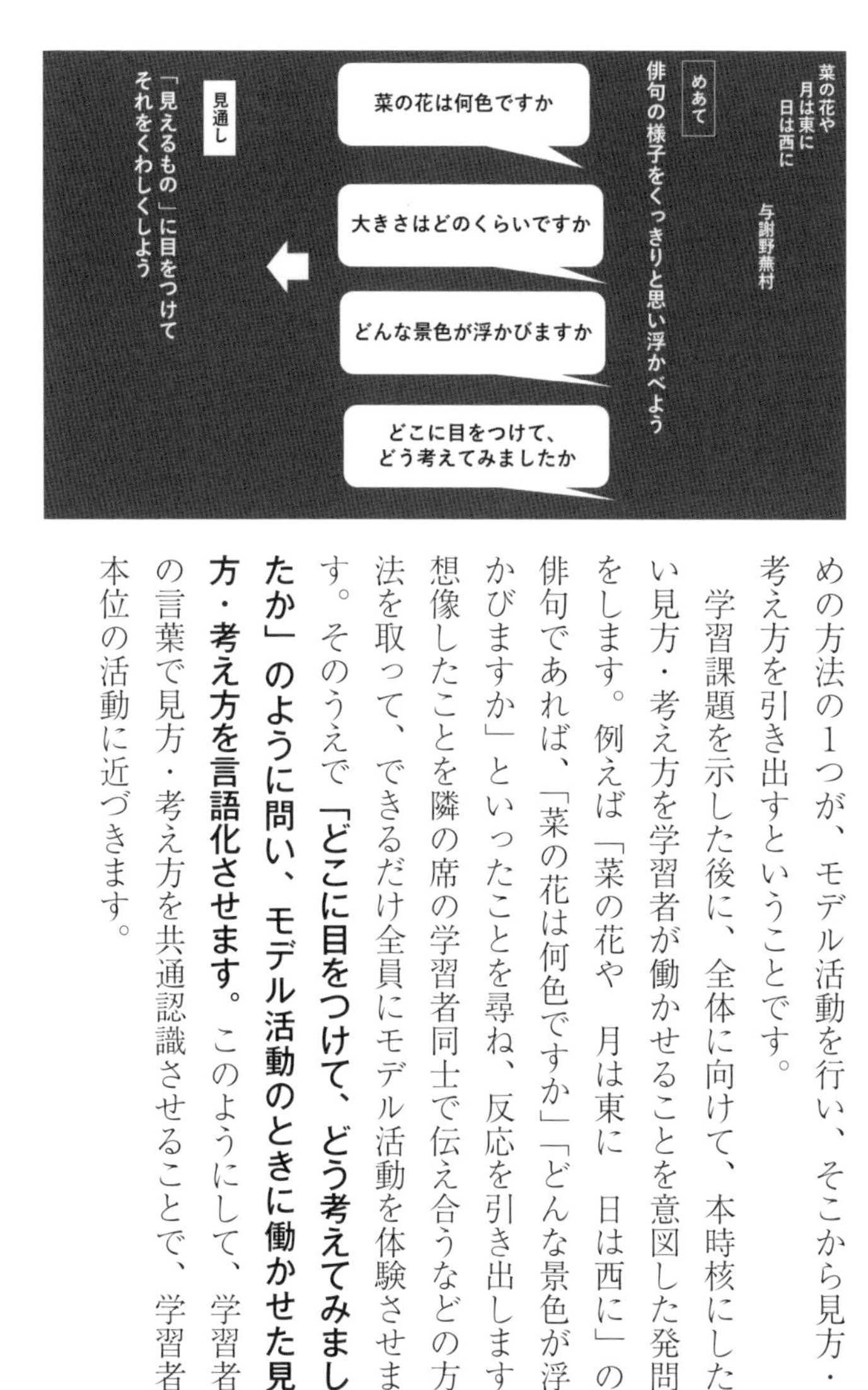

めの方法の1つが、モデル活動を行い、そこから見方・考え方を引き出すということです。

学習課題を示した後に、全体に向けて、本時核にしたい見方・考え方を学習者が働かせることを意図した発問をします。例えば「菜の花や　月は東に　日は西に」の俳句であれば、「菜の花は何色ですか」「どんな景色が浮かびますか」といったことを尋ね、反応を引き出します。想像したことを隣の席の学習者同士で伝え合うなどの方法を取って、できるだけ全員にモデル活動を体験させます。そのうえで**「どこに目をつけて、どう考えてみましたか」のように問い、モデル活動のときに働かせた見方・考え方を言語化させます。**このようにして、学習者の言葉で見方・考え方を共通認識させることで、学習者本位の活動に近づきます。

モデル活動から「見方・考え方」を引き出す②

モデル活動を行い、そこから見方・考え方を言語化するポイントを2つ紹介します。

1つは、「モデル活動から『見方・考え方』を引き出す①」で行ったような**「対象を限定する」**ものです。

「菜の花」「月」「日」のように、学習者が着目する対象が複数ある場合、そのうちの1つを取り上げて、見方・考え方を働かせた学習を行うということです。「菜の花」以外にも「月」や「日」といった言葉があるので、モデル学習を行った後の活動の視野の広がりを保証することができます。モデル学習で取り上げた「菜の花」に関しても、一斉指導で行った活動で想像したのは考えられることの一部であると告げることで、改めてモデル学習で取り上げた対象に対する追究の思考を促します。

もう1つは、**「思考モデルを共有する」**ものです。

例えば「菜の花や…」の俳句について、「先生は、黄色くて小さい菜の花がたくさん咲いている様子が目に浮かびました」といった解釈を示します。そのうえで、「先生は、どんなところに目をつけて、どうやって考えてみたのでしょう」と学習者に問いかけます。

学習者からは「菜の花」「花の様子を詳しく見ている」といったことが出されます。そこで、この場合では、「先生は、目・耳・鼻・口・手のどれを使って花の様子を詳しくしているでしょう」といった五感につながる問いをし、「見えるものに目をつけて具体化する」という見方・考え方に収斂させます。こうすることで、学習者から見方・考え方を引き出すことができるとともに、見方・考え方を働かせたモデルを短時間で共有することができます。

ここでは、教師の読みモデルを示しましたが、教師モデルを示すことは、スピーチをつくったり、リーフレットをつくったりする「話すこと・聞くこと」「書くこと」領域で活動の具体を示す際にも使われます。留意点をあげると、**活動の具体を示すとともに、見方・考え方も意識させることが必要**ということです。そうしないと、教師モデルと自分が取り組んでいる対象の内容の部分を取り換えるだけの学習になります。

この他にも、スピーチなどで正しいモデルと間違ったモデルを示して比較をさせ、正しいモデルに倣うための見方・考え方を引き出す方法もあります。物語などでも、間違いを入れた本文を示し、正しい文章と比較して言葉の意味を考える方法を指導するというやり方があります。

学習者の既有知識を生かす①

学習課題に対して、学習者自身によって見方・考え方の見通しが述べられ、学級全体で共有し、課題解決に進めることは1つの理想です。教師から見方・考え方を示されるという窮屈さはなく、自分で考えたやり方で課題解決ができることは、楽しく、満足感にもつながるものです。また、学習課題を共有した後、「どこに目をつけて、どう考えたらよさそうでしょうか」という教師の問いに対して、あまり時間をかけず学習者の反応があることは、個人追究や協働追究の時間をたっぷり取れることにもつながります。

しかし、学習課題に対する見方・考え方の見通しを学習者がもともと持ち合わせているかは心許ないものです。ですから、これまで見てきたように様々な手立てで見方・考え方の見通しの設定の工夫が必要になるわけです。けれども、計画的な指導を重ねていくことによって、本時の課題に対して多くの学習者が見方・考え方の見通しをもてるようにする手立てもあります。

その1つは、**「単元内で働かせた見方・考え方を繰り返し用いる」**ということです。これは主に時間数の多い小学校で使うことができます。例えば『お手紙』（小学2年）など物語を解釈する授業は数時間あります。「言葉を抜き取ったときと抜き取らないときを比べて登場人物の気持ちを想像する抜き取り読み」といった見方・考え方を毎時間働かせていくと、学習課題を示した後に見通しを尋ねると「抜き取り読みをする」といった反応が即座に返ってくるようになります。

国語科では、1年間に同じ領域の学習を複数回行います。例えば、物語や説明文であれば各学期に1回ずつは登場します。そこで、1学期に働かせた見方・考え方を2学期教材でも働かせる機会を取ります。つまり**「見方・考え方を年間で繰り返し用いる」**ということです。例えば、『故郷』（中学3年）で登場人物の設定を学習する際、『握手』（中学3年）で学んだ「登場人物のしぐさに着目し、同化する」ことを思い出させるといったことです。

また、学校全体での取組になりますが、**「小学校6学年や中学校・高等学校3学年を見渡した見方・考え方を用いる」**ことも可能でしょう。『海のいのち』（小学6年）で中心人物の心情を解釈するときに、『大造じいさんとガン』（小学5年）でどのような見方・考え方を働かせたかを思い出させるといったことです。

学習者の既有知識を生かす②

学習者の既有知識を生かすということに関わって、もう少し話を進めます。

秋田喜代美氏（２００８）は「読解力が高いといわれる生徒は、自分で読解方略を習得し使用している。これに対して、読解が苦手とされる生徒は、読む処理に手間がかかるために、自覚的に方略に気づいたり、使用したりすることが難しいといわれている」と述べています。

つまり教室の中には、例えば、物語や小説を読み、中心人物の心情を解釈するという場合に、あらかじめどのような見方・考え方を働かせると解釈できるかということがわかっている学習者もいれば、そうではない学習者もいるということです。

そこで、**学習課題を設定した後に、自分で読解方略を習得し使用している学習者が、どのような見方・考え方を働かせると解決できそうかということを発信し、広げていくという方法**を用いることができます。

また、こうすることで、読解方略を持ち合わせている学習者の活躍が期待されることもありますし、他の学習者にとって自分でも見方・考え方を見つけてみようという刺激になる可能性もあります。

例えば、俳句を解釈する場合には、「視覚」を使うと効果的であるということを知っている学習者が、「荒海や　佐渡に横とう　天の川」の俳句を解釈する場合、「見えるもの」に着目し、具体化することで、俳句の様子をくっきりと思い浮かべることができるといったことを発言したとします。

これに対して納得する学習者も多くいますが、「視覚」に着目することに刺激を受け、「荒海と書いてあるから『聞こえるもの』に目をつけても俳句の様子が思い浮かぶ」と考える学習者が現れる可能性があります。

そして、このように1つの見方・考え方が現れると、そこに刺激を受け、関連する見方・考え方が想起されるということは、学習課題を設定し、見方・考え方を決め出していく様々な場合に転用可能です。

見方・考え方を1つ共有したら、「他に目のつけ所や考え方はありませんか？」と尋ね、複数の見方・考え方が引き出せたら、学びは一層主体的に、豊かになるでしょう。

言葉による見方・考え方×思考ツール

「見方・考え方」と思考ツールの相性

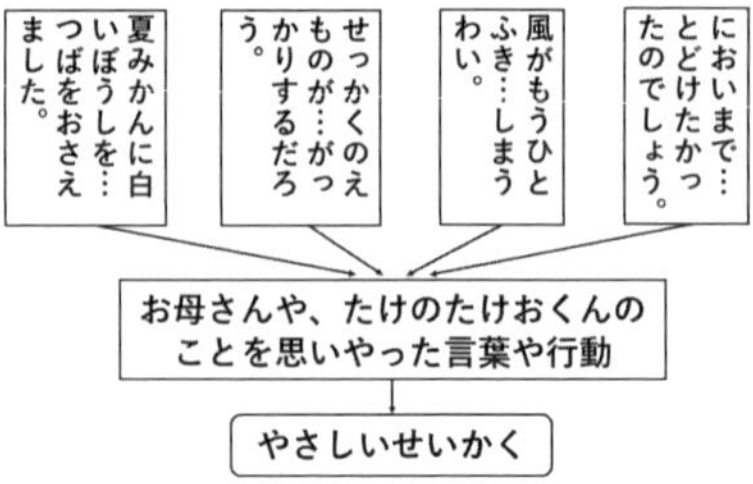

においまで…とどけたかったのでしょう。

風がもうひとふき…しまうわい。

せっかくのえものが…がっかりするだろう。

夏みかんに白いぼうしを…つばをおさえました。

お母さんや、たけのたけおくんのことを思いやった言葉や行動

やさしいせいかく

例えば、『白いぼうし』（小学4年）で、「松井さん」の性格を考えるために、「松井さんの言っていることや行動を集め、その共通点をまとめる」という、「言動に着目し、帰納的思考をする」言葉による見方・考え方を設定したいとき、例示した述べ方で具体的な思考の道筋が描ける学習者もいますが、上に示した図のようにまとめていくことを共通理解させると、多くの学習者が言動に着目し、帰納的思考を展開していきます。

黒上晴夫氏（２０１７）が「思考ツールは、子どもに考える方法を示し、考える面白さを伝え、考えることへの関心を高め、考

えを人に伝えることをサポートする」と述べているように、考えの道筋の可視化として思考ツールは大変便利です。

「松井さん」の言っていることや行動を集め、その共通点をまとめるという思考を文や文章で表していくのではなく、思考ツールに載せていくようにすると、教材文から取り出した根拠同士をつなぐ言葉や、理由であることを示す言葉、その結果としての主張であることを示す言葉が不要になります。

自分の考えはもてるけれど、それをどのように文章化したらよいのかわからないという状況になることはよくありますが、思考ツールの場合、□の中に情報を入れていくだけなので、学習者の苦労は１つ減ります。相手にわかるように説明する述べ方は、協働追究に入る前に知らせて少し練習します。

また、何より思考の流れそのもののイメージがもてるということも思考ツールの強みです。前ページの図では、□が三層になっていますが、一番上の□の中には、教材文から取り出してきた叙述を記入します。例では、会話文と行動描写を合わせて４つ取り出しています。そして、真ん中の□には、上の４つのことに共通することを述べ、理由づけをしています。ここでは「お母さんや、たけのたけおくんのことを思いやった言葉や行動」としています。そして、一番下の□には、これまで考えてきたことを基にして、松井さんがどのような性格かを端的に述べます。

このようにして、帰納的な思考の流れを図式化して示すことで、学習者には考えの流れそのものが理解しやすくなります。

また、**思考の流れは、学習中の1つの教材や1つの学習課題に対する特定のものではありません。**別の教材や別の学習課題にも対応可能です。

例えば、『白いぼうし』の「松井さん」の性格を、言動に着目し、帰納的に分析するという思考ツールは、『大造じいさんとガン』（小学5年）で「大造じいさん」の人物像を考えるときでも、『走れメロス』（中学2年）で「ディオニス王」の設定を考えるときでも活用することができます。

さらに、**「読むこと」領域で見方・考え方を働かせて活用した思考ツールは、「読むこと」領域での活用にとどまるものではありません。**

例えば、対象の具体を取り出して帰納的に分析する思考ツールは、「話すこと・聞くこと」領域で伝統工芸の具体を取り上げ、その共通点から魅力を述べるスピーチや、「書くこと」領域でリーフレットをつくっていく際の取材段階で生かすことができます。

他にも、山本茂喜氏（２０１８）は思考ツールのよさとして「可視化して操作する」ことをあげ、「シンプルな同じ型を使って可視化することによって、相手がどう考えているのか、自分の考えとどこが違うのかが明確にわかり、有効な対話が生まれます」と述べています。

思考ツールに自分の考えを記入し、それを見合いながら意見交換すると、例えば根拠や理由などに当たる部分が書かれる場所は思考ツールの中の特定の箇所ですから、お互いにどのような根拠をもってきたのか、どのような理由づけをしているのかがひと目でわかります。このように、**互いの共通点や相違点をひと目で理解することができ、意見交換をしやすくなります。**

さらに、授業の中では、学習の見通し段階で共有した複数の見方・考え方のうち、各自が自分で選択したものを使う場合があります。その際にも、見方・考え方を思考ツールに載せて示すことは効果的です。まず、共通の思考ツールを使った学習者同士が追究したものを伝え合うことにより、追究内容の検討が行われます。また、異なる思考ツールを使った学習者と関わることで、追究内容とともに考え方についても学び合うことができます。

個別最適な学びと協働的な学びを支える思考ツール

1つの思考ツールでも、そこに描き出される思考内容の具体は人によって異なるので、授業では様々な考えに触れることが可能です。

さらに、1時間の授業の中で複数の思考ツールを選択し、使用できるようにすると、個人追究の後、学習者は思考内容とともに思考方法についても自分とは異なるものに触れることができ、追究の質を高めていくことができます。

思考ツールを適切に使っていくためには、ツールの特性を知ることが重要です。

例えば、『大造じいさんとガン』（小学5年）で「大造じいさんは、なぜ残雪をうたなかったのだろう」といった、中心人物の心情の変化とその原因を探る課題の場合には、変化の前と変化の原因、変化の後の具体といった一連の流れを視覚化していく必要があります。こういった場合には、中心人物を中心に置いて、そこから行動や様子などの観点で枝を広げていくウェビングマップのようなまとめ方は不向きです。空間的に広げていくものだと、時間的な変化が見られないからです。

そこで、ここではまず、思考ツールのタイプを概観し、そのうえで比較や帰納といった

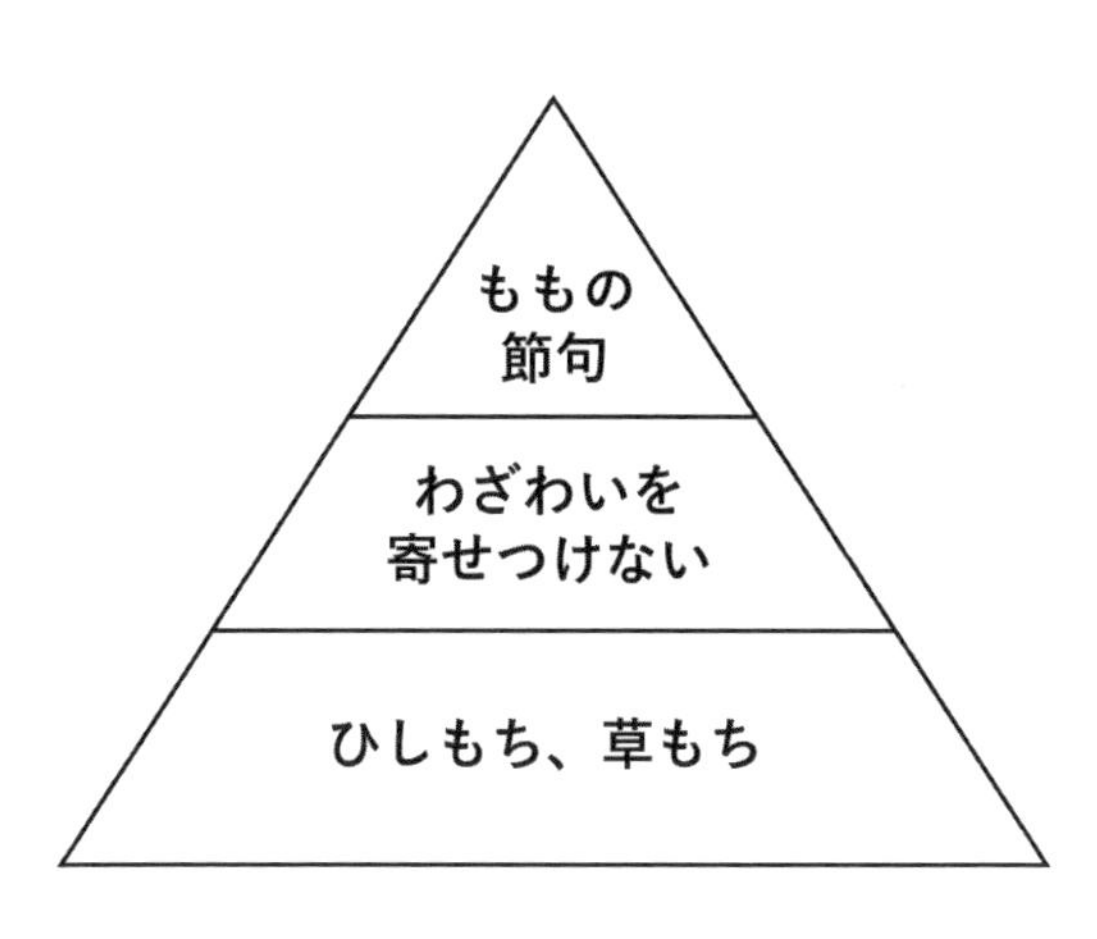

いわゆる概念的思考を視覚化することに特化したものを紹介します。

思考ツールのタイプは、大きく分けて3つあります。

1つ目は、**具体と抽象を表すもの**です。上に示した「ピラミッドチャート」や「ウェビングマップ」、また「くらげチャート」や「フィッシュボーン」といったツールも同様です。

2つ目は、**中心となる柱に沿って思考をつなげていくもの**です。これは、第1章で紹介したトゥールミンモデルや、第3章で紹介した対話型論証モデルが該当します。この他にも、物語の学習で使われることの多い「心情曲線」などが該当します。

3つ目は、**概念的思考そのものを表すもの**です。ここでは「比較」「定義」「類推」「分類」「帰納」「具体化」「抽象化」「因果」の8つを紹介します。

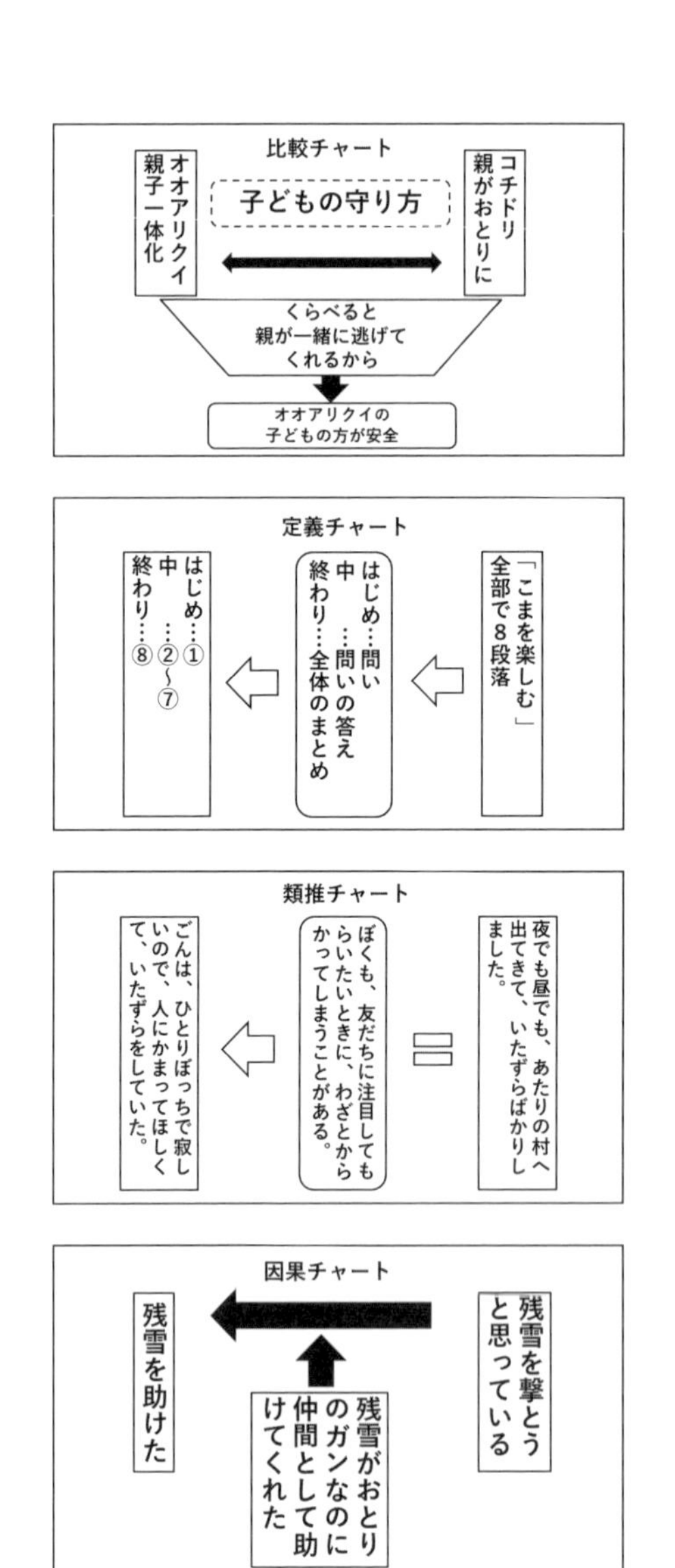

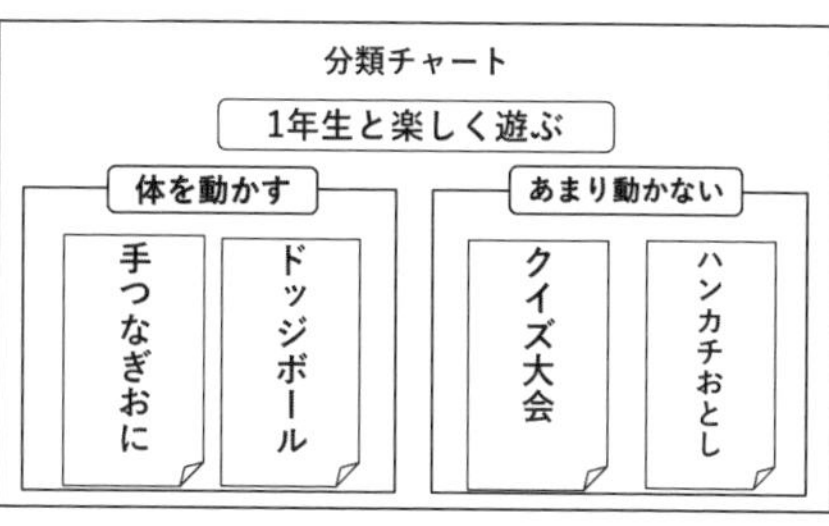

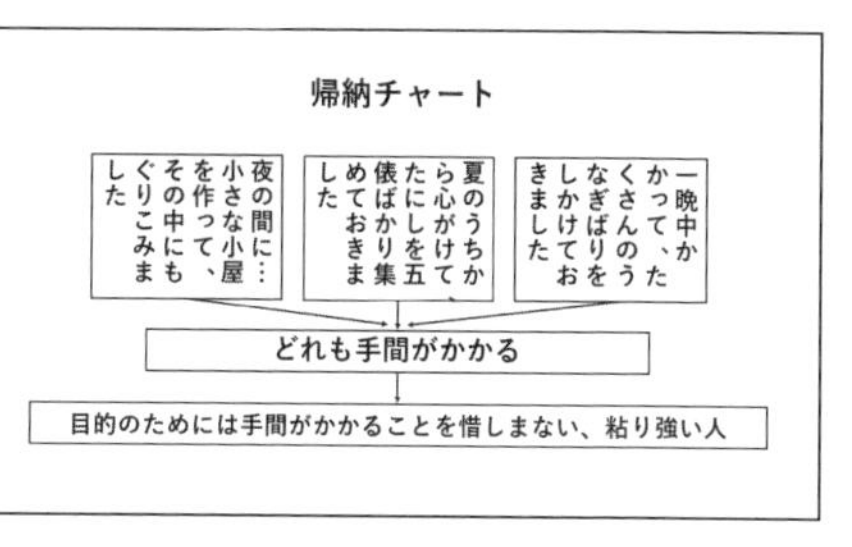

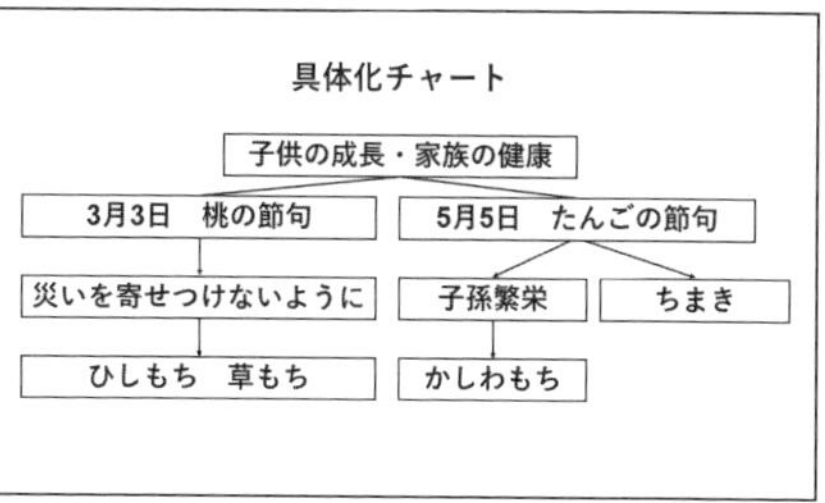

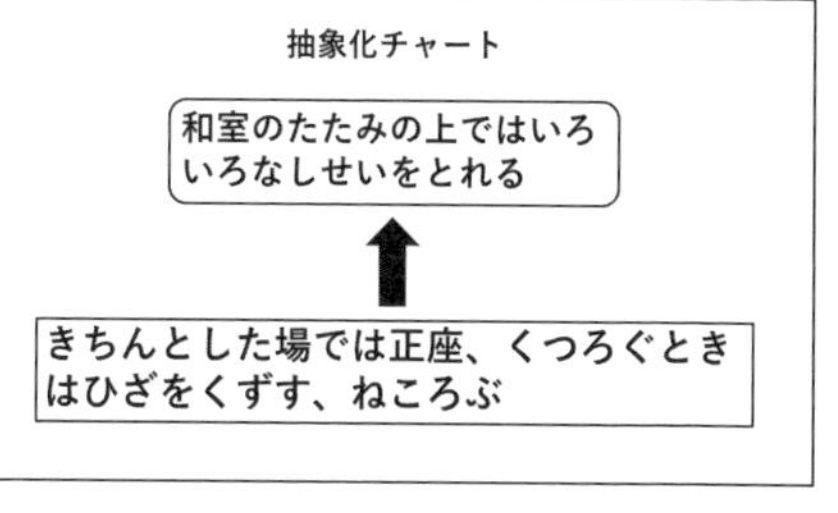

概念的思考そのものを表す思考ツールは、筆者のオリジナルです。教師や学習者が使いやすいように変えていくことが望ましいです。例えば、比較するときに、学習者にとって比較のイメージが端的に想起できる思考ツールがあれば、学習者はそれを活用していけばよいでしょう。比較や分類などの概念的思考が展開できることにかなっていて、そのデザインの意図が教室にいる学習者に共通理解されていればよいでしょう。

思考ツールを活用した単元モデル（『海の命』）

最後に、思考ツールを活用し、学習者が取り組んでみたい学び方を大切にした自律分散型の学習と、各自が追究した内容を伝え合い、お互いの学びを高め合っていく協働学習を組み合わせた単元デザイン「海の命」（小学6年）を例にして説明します。

共通の思考ツールを使う

1時間目では、初発の感想を書き、その交流を通して、単元全体で追究していきたい課題を決め出していきます。

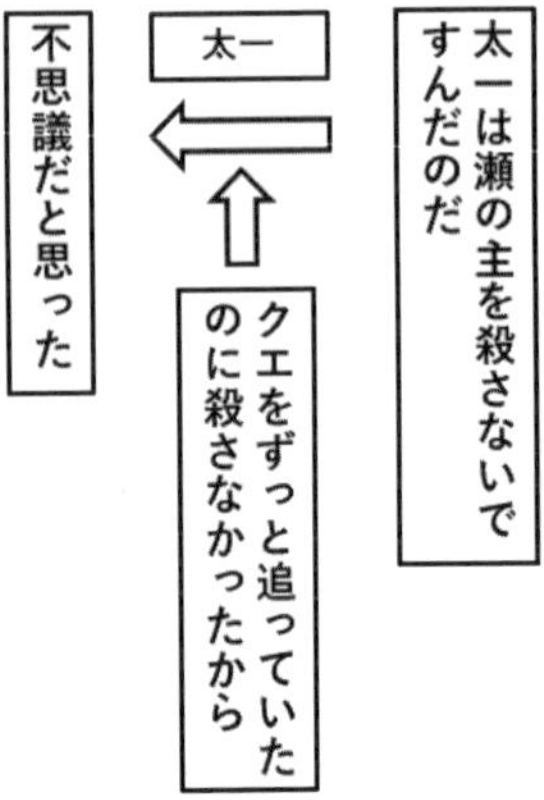

第2時間目以降は、思考ツールを複数用意し、各自が選択して活用する自律分散型の学習を中心としていきますが、本時は共通の思考ツールを使います。各自にたくさんの感想を書かせることを意図し、できるだけ、各自の理由づけをするための思考様式に制限をかけないようにするためです。

太一は瀬の主を殺さないですんだのだ

太一

クエをずっと追っていたのに殺さなかったから

不思議だと思った

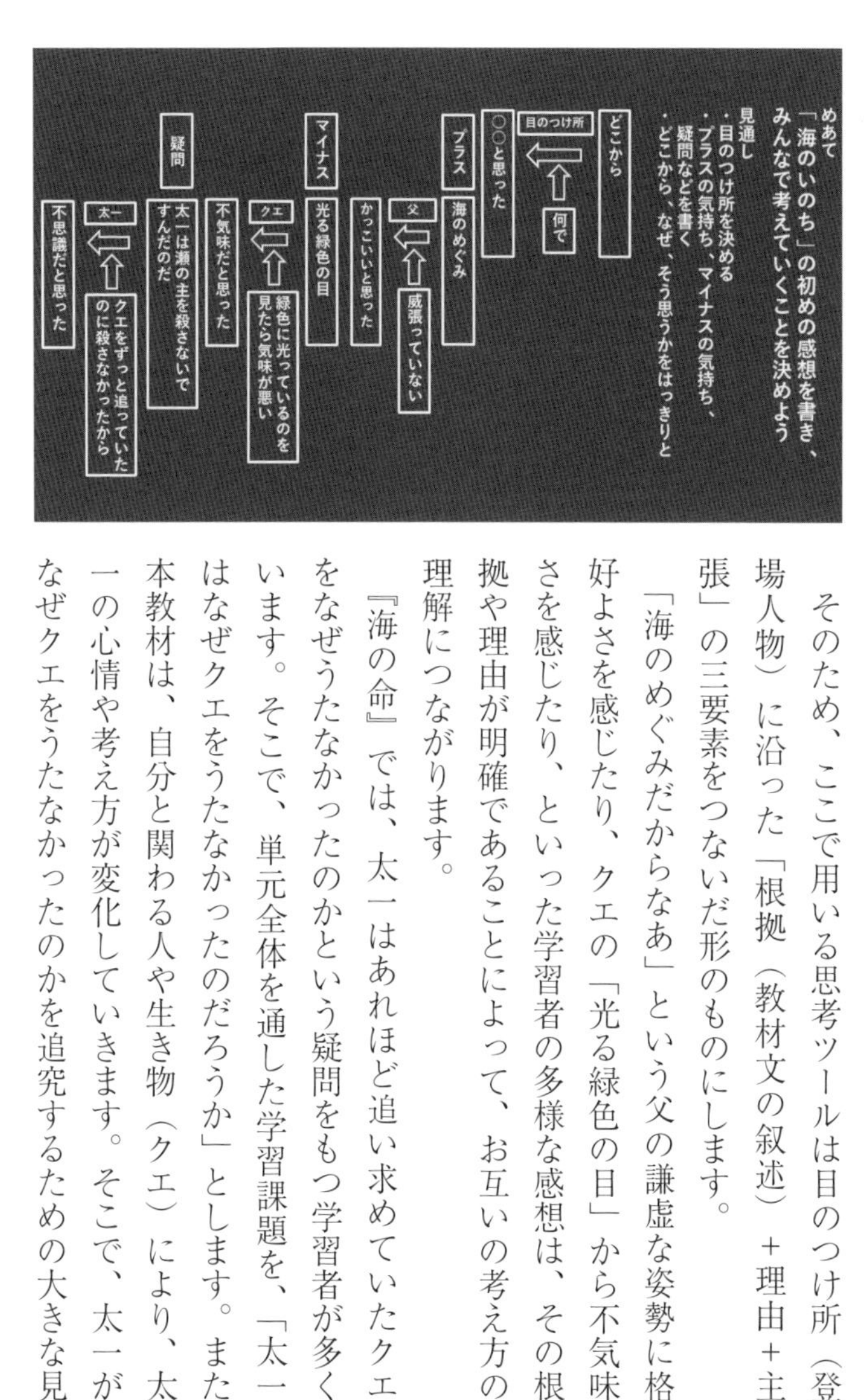

そのため、ここで用いる思考ツールは目のつけ所（登場人物）に沿った「根拠（教材文の叙述）＋理由＋主張」の三要素をつないだ形のものにします。

「海のめぐみだからなあ」という父の謙虚な姿勢に格好よさを感じたり、クエの「光る緑色の目」から不気味さを感じたり、といった学習者の多様な感想は、その根拠や理由が明確であることによって、お互いの考え方の理解につながります。

『海の命』では、太一はあれほど追い求めていたクエをなぜうたなかったのかという疑問をもつ学習者が多くいます。そこで、単元全体を通した学習課題を、「太一はなぜクエをうたなかったのだろうか」とします。また、本教材は、自分と関わる人や生き物（クエ）により、太一の心情や考え方が変化していきます。そこで、太一がなぜクエをうたなかったのかを追究するための大きな見

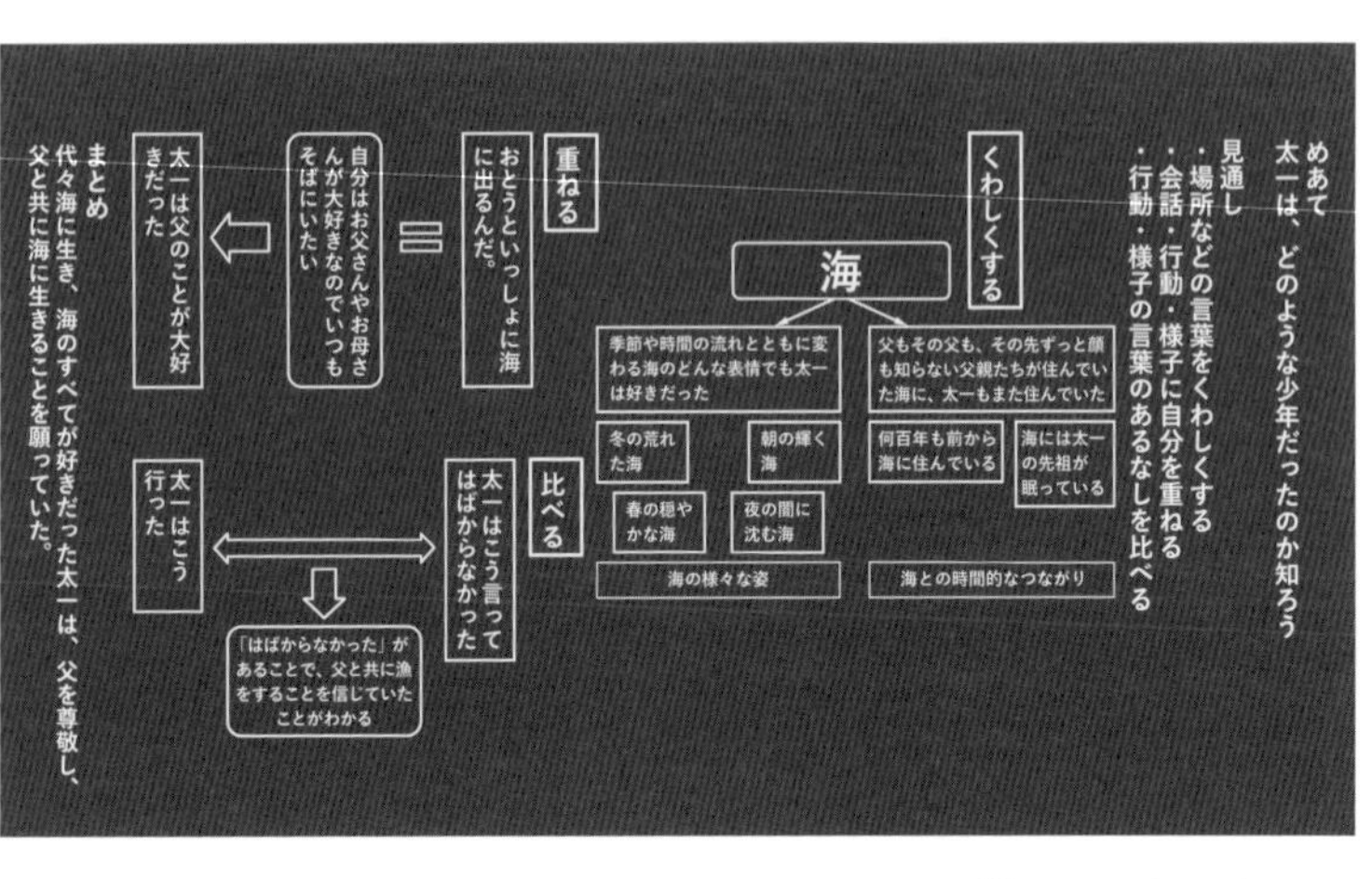

めあて
太一は、どのような少年だったのか知ろう
見通し
・場所などの言葉をくわしくする
・会話・行動・様子に自分を重ねる
・行動・様子の言葉のあるなしを比べる
くわしくする
海
父もその父も、その先ずっと顔も知らない父親たちが住んでいた海に、太一もまた住んでいた
何百年も前から海に住んでいる
海には太一の先祖が眠っている
海との時間的なつながり
季節や時間の流れとともに変わる海のどんな表情でも太一は好きだった
朝の輝く海
冬の荒れた海
夜の闇に沈む海
春の穏やかな海
海の様々な姿
重ねる
おとうといっしょに海に出るんだ。
＝
自分はお父さんやお母さんが大好きなのでいつもそばにいたい
太一は父のことが大好きだった
比べる
太一はこう言ってはばからなかった
太一はこう行った
「はばからなかった」があることで、父と共に漁をすることを信じていたことがわかる
まとめ
代々海に生き、海のすべてが好きだった太一は、父を尊敬し、父と共に海に生きることを願っていた。

方として、登場人物や生き物（クエ）に着目することを共通理解します。

複数の思考ツールから選択する

2時間目以降は、複数の思考ツールの中から自分が取り組んでみたいものを選択して追究していきます。基本的に、毎時間、場面ごとの登場人物の設定や人物像を分析していくことを目指していきます。

本単元では、共通して「具体化」「比較」「類推」の思考ツールを使います。太一、父、与吉じいさ、母に関してそれぞれの授業で追究していきます。もし、それぞれの見方・考え方について未熟な状態で単元に入っても、複数回取り組むことで、見方・考え方の獲得や活用は進んでいきます。

「具体化」は、例えば「海」のように1つの語を詳細に解釈したいと思う学習者に適しています。「比較」は、言葉の意味を基にして解釈していきたい場合、該当の言葉がある場合とない場合を比較することにより、取り組みやすさを感じる学習者に適しています。「類推」は、登場人物の言動や様子に自分を重ねて読みたい学習者に適しています。

このように、学習者にとって取り組みやすい認知スタイルに合わせて見方・考え方が示されると、追究が主体的に進みます。

見方・考え方を思考ツールに載せることには大きな利点があります。それは、学習者にとってシンプルでわかりやすいということです。また、それぞれの思考ツールの要素の意味を共通理解していれば、自分が使用していなかったツールを使っている学習者の考えも理解しやすいです。

個人追究で自分の考えがもてたら、協働追究を行い、各自が選択した見方・考え方による意見を伝え合っていきます。

協働追究の後は、学習課題に戻り、改めて自分の考えを書く時間を取ります。このときは、図ではなく、文や文章で書くことが望ましいです。

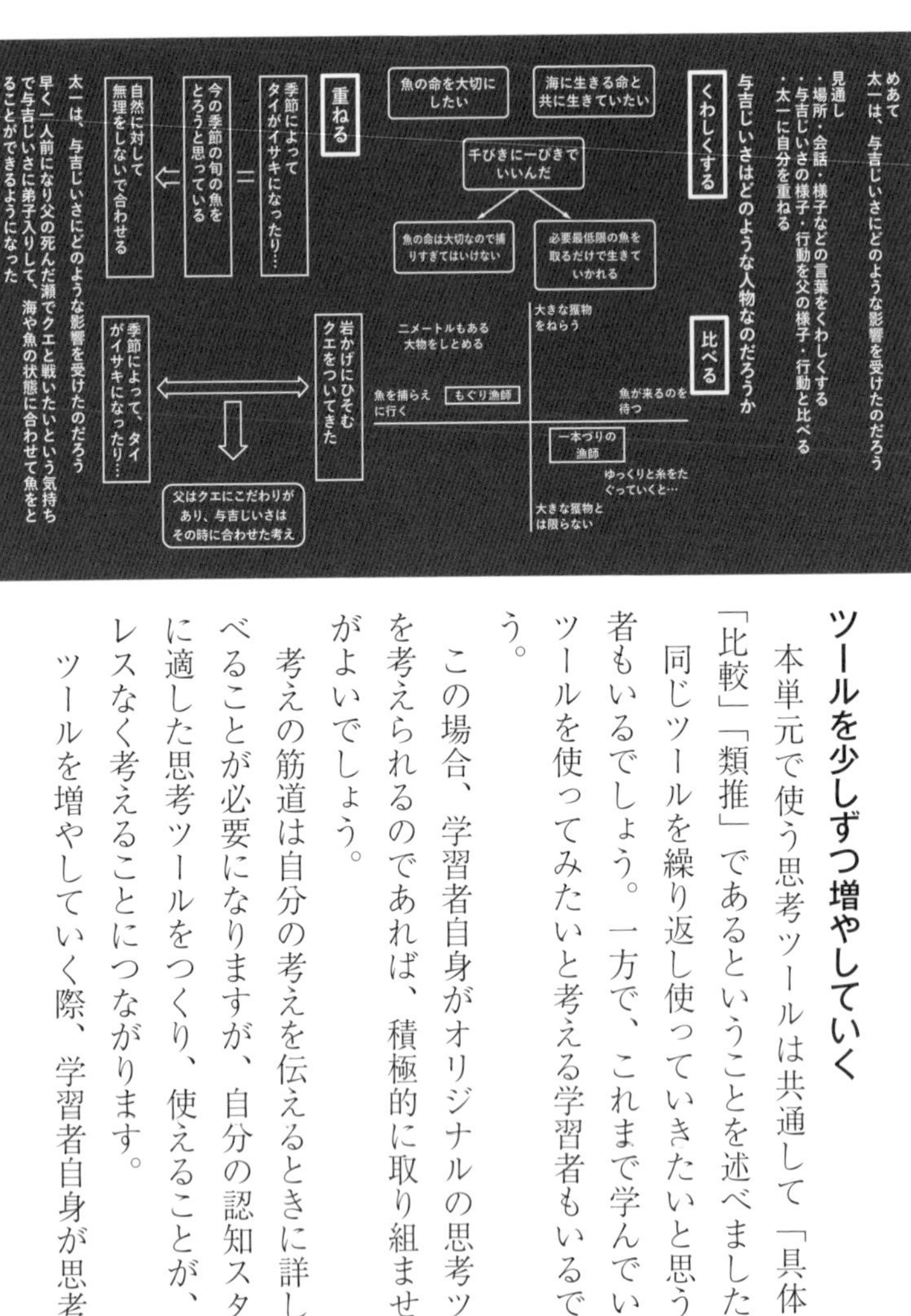

ツールを少しずつ増やしていく

本単元で使う思考ツールは共通して「具体化」「比較」「類推」であるということを述べました。同じツールを繰り返し使っていきたいと思う学習者もいるでしょう。一方で、これまで学んでいないツールを使ってみたいと考える学習者もいるでしょう。

この場合、学習者自身がオリジナルの思考ツールを考えられるのであれば、積極的に取り組ませるのがよいでしょう。

考えの筋道は自分の考えを伝えるときに詳しく述べることが必要になりますが、自分の認知スタイルに適した思考ツールをつくり、使えることが、ストレスなく考えることにつながります。

ツールを増やしていく際、学習者自身が思考ツー

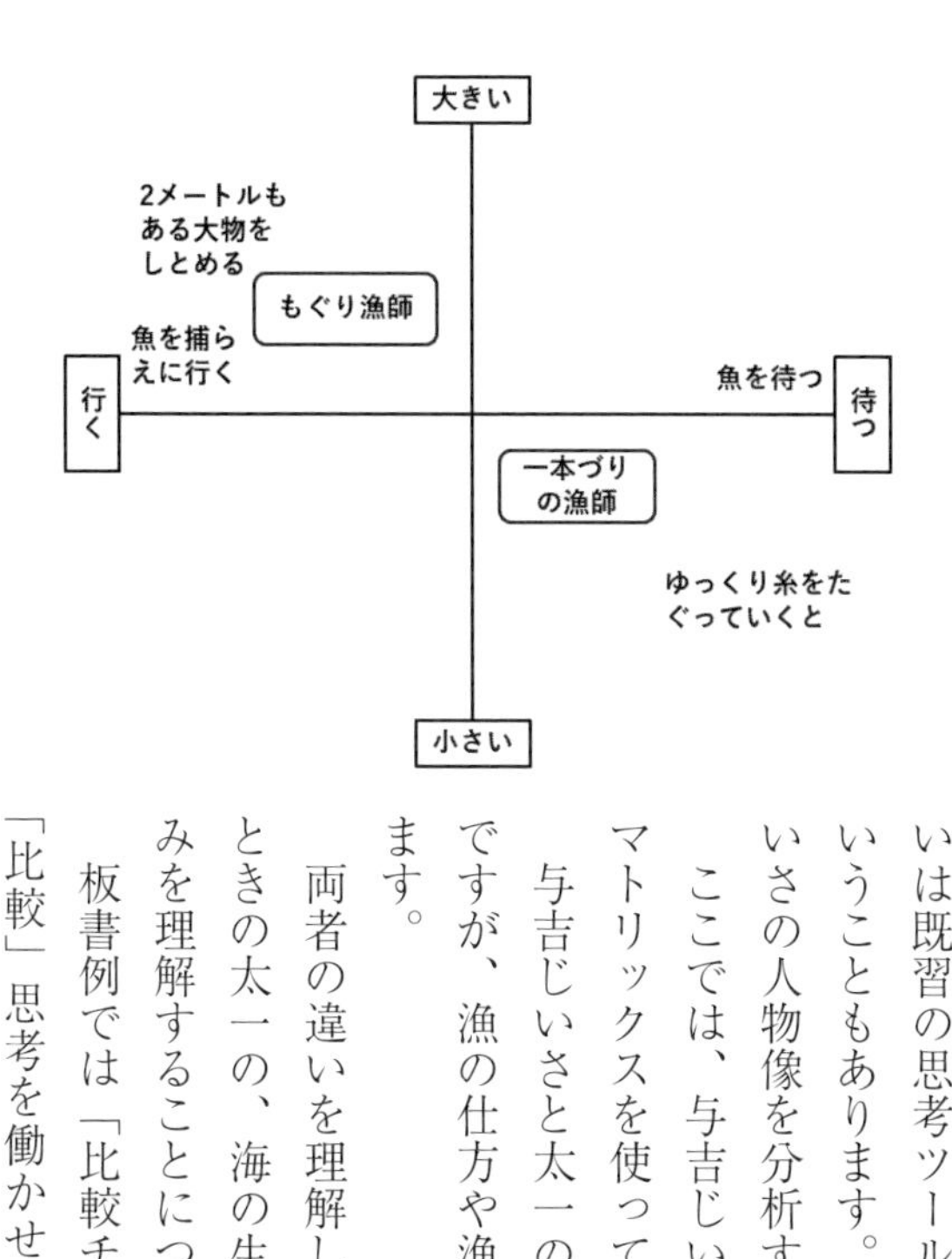

ルをつくるのではなく、教師側から提示したり、あるいは既習の思考ツールを学習者に想起させたりするということもあります。板書例で示したものは、与吉じいさの人物像を分析する授業のものです。

ここでは、与吉じいさと太一の父を比較するために、マトリックスを使っています。

与吉じいさと太一の父は、漁師には変わりはないのですが、漁の仕方や漁の対象とする魚種は異なっています。

両者の違いを理解しておくことは、クエと対峙したときの太一の、海の生き物の命に対する認識の幅と厚みを理解することにつながります。

板書例では「比較チャート」も示しています。同じ「比較」思考を働かせるのでも、学習者がわかりやすいと感じられることが大切です。

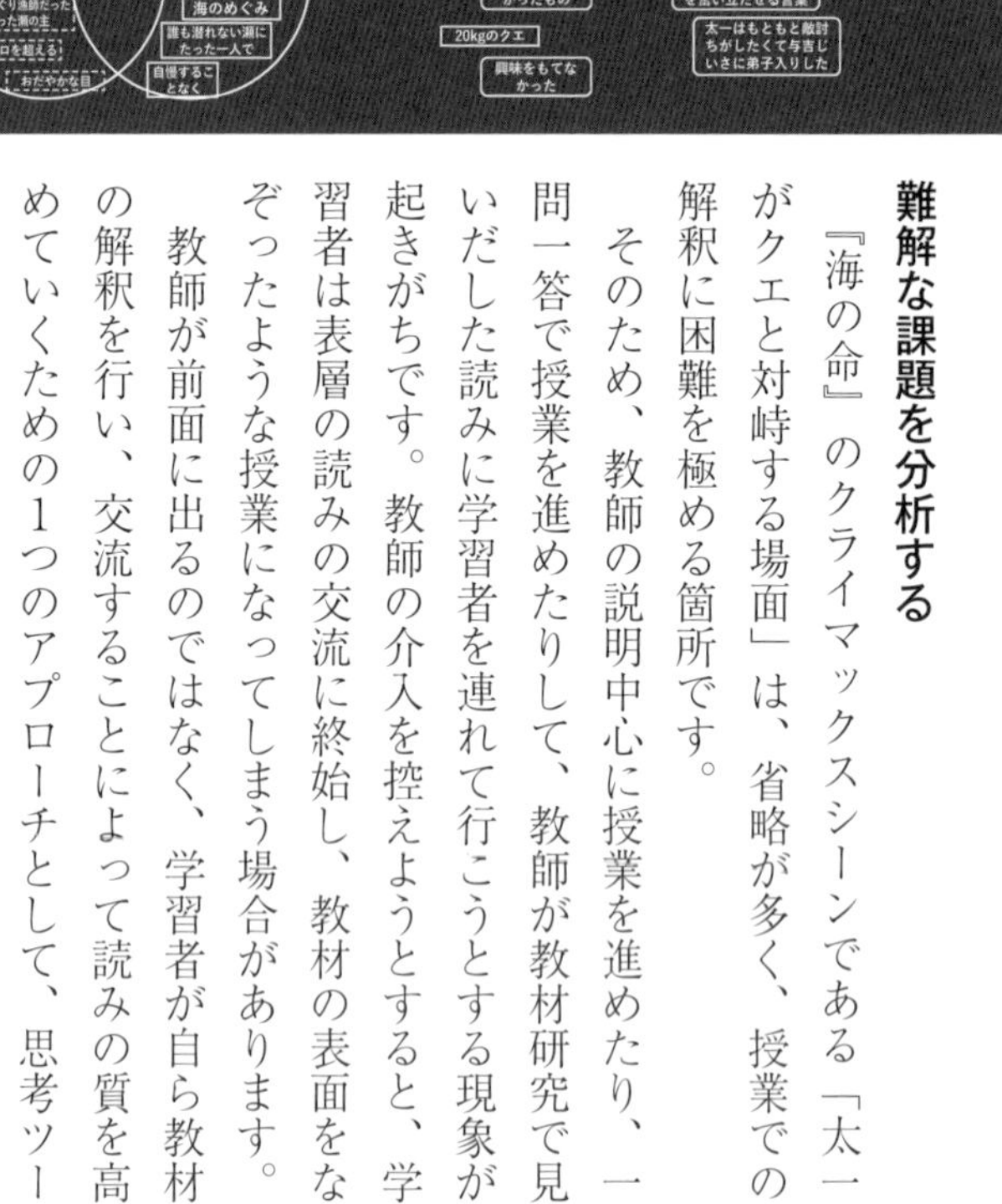

難解な課題を分析する

『海の命』のクライマックスシーンである「太一がクエと対峙する場面」は、省略が多く、授業での解釈に困難を極める箇所です。

そのため、教師の説明中心に授業を進めたり、一問一答で授業を進めたりして、教師が教材研究で見いだした読みに学習者を連れて行こうとする現象が起きがちです。教師の介入を控えようとすると、学習者は表層の読みの交流に終始し、教材の表面をなぞったような授業になってしまう場合があります。

教師が前面に出るのではなく、学習者が自ら教材の解釈を行い、交流することによって読みの質を高めていくための1つのアプローチとして、思考ツールの活用が考えられます。授業の導入段階で、太一がクエをうたなかった原因を見つけるための見方・

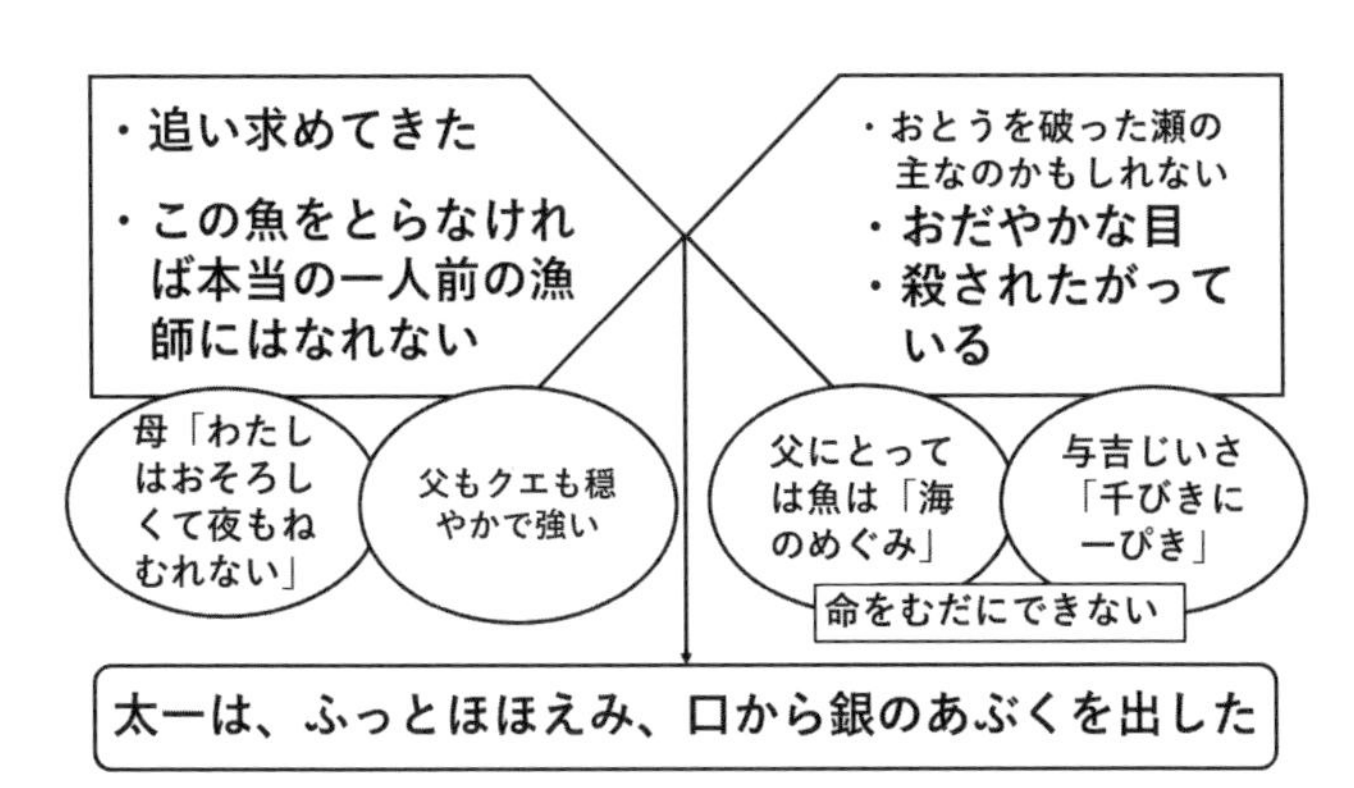

・追い求めてきた
・この魚をとらなければ本当の一人前の漁師にはなれない
・おとうを破った瀬の主なのかもしれない
・おだやかな目
・殺されたがっている
母「わたしはおそろしくて夜もねむれない」
父もクエも穏やかで強い
父にとっては魚は「海のめぐみ」
与吉じいさ「千びきに一ぴき」
命をむだにできない
太一は、ふっとほほえみ、口から銀のあぶくを出した

考え方を「太一は何からどんな影響があったのかを具体化する」「『本当の一人前』とは何かを具体化する」「太一の父とクエを比較し、共通点と相違点を見つける」「太一の葛藤を解消した原因を見つける」などと設定し、それぞれに応じた思考ツールを提示します。学習者は、取り組んでみたい見方・考え方を働かせていきます。

その後、それぞれの追究結果を伝え合い、そのうえで、改めて、太一がなぜクエをうたなかったのかについて文章化させます。

このようにして、見方・考え方を焦点化させ、思考ツールを使い、考えをもたせていくことで、学習者個人による追究の深まりが期待され、それらを伝え合うことで、難解な課題に対する学習者本位の深まりにつながります。

引用・参考文献

・阿部昇（２０１９）『物語・小説「読み」の授業のための教材研究　―「言葉による見方・考え方」を鍛える教材の探究―』明治図書、p.15

・奈須正裕（２０１７）『「資質・能力」と学びのメカニズム』東洋館出版社、p.196

・中央教育審議会（２０１６）「幼稚園、小学校、中学校、高等学校及び特別支援学校の学習指導要領等の改善及び必要な方策等について（答申）」

・文部科学省（２０１７）「小学校学習指導要領（平成29年告示）解説　総則編」

・澤井陽介（２０１７）『授業の見方』東洋館出版社、p.33

・白井俊（２０２０）『OECD Education2030 プロジェクトが描く教育の未来　エージェンシー、資質・能力とカリキュラム』ミネルヴァ書房、p.72,79,112,115,119,121,168,169,170,173

・The future of education and skills Education 2030（２０１８）
https://www.oecd.org/education/2030/E2030%20Position%20Paper%20(05.04.2018).pdf

・文部科学省初等中等教育局教育課程課教育課程企画室「教育とスキルの未来：Education 2030【仮訳（案）】」
https://www.oecd.org/education/2030-project/about/documents/OECD-Education-2030-Position-Paper_Japanese.pdf

・中央教育審議会　教育課程部会　国語ワーキンググループ（第６回）配付資料（２０１６）

・中央教育審議会　教育課程部会　国語ワーキンググループ（第７回）配付資料（２０１６）

・中央教育審議会　教育課程部会　国語ワーキンググループ（第8回）配付資料（２０１６）
・文部科学省（２０１７）「小学校学習指導要領（平成29年告示）解説　国語編」
・文部科学省（２０１８）「高等学校学習指導要領（平成30年告示）解説　国語編」
・鶴田清司（２０２０）『教科の本質をふまえたコンピテンシー・ベースの国語科授業づくり』明治図書、p.24
・文部科学省（２０１７）「中学校学習指導要領（平成29年告示）解説　国語編」
・井上尚美（１９９８）『思考力育成への方略　メタ認知・自己学習・言語論理』明治図書、p.43,45,89
・中村敦雄（１９９１）『日常言語の論理とレトリック』教育出版センター、pp.76-77,pp.83-91
・足立幸男（１９８４）『議論の論理』木鐸社、pp.108-134
・小田迪夫ら（１９９６）『二十一世紀に生きる説明文学習』東京書籍、p.14
・鶴田清司（１９９６）『言語技術教育としての文学教材の指導』明治図書、pp.17-18
・Brian・J・Reiserら（２０１８）「足場かけ」（『学習科学ハンドブック第二版　第1巻』北大路書房、p.40）
・河野麻沙美（２０１９）「足場かけ」（『主体的・対話的で深い学びに導く　学習科学ガイドブック』北大路書房、p.161）
・河野順子（２０１８）「話し合い・討議」（『国語教育指導用語辞典』教育出版、p.164）
・ＯＥＣＤ教育研究革新センター（２０２３）『創造性と批判的思考』明石書房、pp.24-25
・中央教育審議会（２０２３）「次期教育振興基本計画について（答申）」p.55
・中田正弘ら（２０２３）「個別最適の議論と学びの質保証」（『学習者主体の「学びの質」を保障する』東洋館

出版社、p.68）
・溝上慎一（2020）『社会に生きる個性　自己と他者・拡張的パーソナリティ・エージェンシー』東信堂、p.35
・Barry J.Zimmermanら、塚野州一・牧野美知子訳（2008）『自己調整学習の指導　学習スキルと自己効力感を高める』北大路書房、p.ii,124
・Stephen M Tonks&Ana Taboata（2014）「自己調整学習と読解指導」（『自己調整学習ハンドブック』北大路書房、p.138）
・中央教育審議会「『令和の日本型学校教育』の構築を目指して～全ての子供たちの可能性を引き出す、個別最適な学びと、協働的な学びの実現～」（2021）
・中央教育審議会「『令和の日本型学校教育』を担う教師の在り方特別部会（第3回）・免許更新制小委員会（第4回）資料2」（2021）
・Adam Kahane（2023）『共に変容するファシリテーション』英治出版、pp.96-97
・堀公俊（2018）『ファシリテーション入門（第2版）』日本経済新聞出版社、p.150
・蓑手章吾（2021）『自由進度学習のはじめかた』学陽書房、p.42
・竹内淑子ら（2022）『教科の一人学び「自由進度学習」の考え方・進め方』黎明書房、p.21
・奈須正裕ら（2023）「多様性に正対し、自立した学習者を育む教育の創造」（『「個別最適な学び」と「協働的な学び」の一体的な充実を目指して』北大路書房、p.35

・Starr Sackstein ら著、古賀洋一ら訳（2022）『一斉授業をハックする』新評論、p.iii,114,135
・坂本尚志（2022）『バカロレアの哲学』日本実業出版社、p.11
・渡邉雅子（2021）『「論理的思考」の社会的構築　フランスの思考表現スタイルと言葉の教育』岩波書店、pp.110-113
・松下佳代（2021）『対話型論証による学びのデザイン』勁草書房、p.i.5
・H.Lynn.Erickson ら著、遠藤みゆきら訳（2020）『思考する教室をつくる概念型カリキュラムの理論と実践　不確実な時代を生き抜く力』北大路書房、p.69
・秋田喜代美（2008）「文章の理解におけるメタ認知」（『メタ認知　学習力を支える高次認知機能』北大路書房、p.101）
・黒上晴夫ら（2017）『田村学・黒上晴夫の「深い学び」で生かす思考ツール』小学館、p.2
・山本茂喜（2018）『思考ツールで国語の「深い学び」』東洋館出版社、p.21
・石井英真（2020）『授業づくりの深め方　「よい授業」をデザインするための5つのツボ』ミネルヴァ書房
・岩永正史（2000）「説明文教材の論理構造と読み手の理解　彼らはどのように『論理的に』考えるのか」（『言語論理教育の探究』東京書籍）
・奥野茂夫（1969）「思考力の形成」（『児童心理学講座4　認識と思考』金子書房）
・小西甚一（1967）「分析批評のあらまし　批評の文法」（『国文学　解釈と鑑賞』至文堂）
・櫻本明美（1995）『説明的表現の授業　考えて書く力を育てる』明治図書

・渋谷憲一・井上尚美（1971）『ピアジェによる論理的思考の構造』明治図書
・杉原一昭（1989）『論理的思考の発達過程』田研出版
・田近洵一（1996）『創造の〈読み〉読書行為をひらく文学の授業』東洋館出版社

【著者紹介】

小林　康宏（こばやし　やすひろ）

長野県生まれ。横浜国立大学大学院修了後，長野県内の公立小中学校に勤務。元長野県教育委員会指導主事。現和歌山信愛大学教授。日本国語教育学会理事。全国大学国語教育学会会員。きのくに国語の会顧問。東京書籍小学校国語教科書「新しい国語」，中学校国語教科書「新しい国語」編集委員。
単著に『小学校国語授業　思考ツール活用大全』『小学校国語「書くこと」の授業づくり　パーフェクトガイド』『中学校国語文学の発問大全』『中学校国語の板書づくり　アイデアブック』『WHY でわかる　HOW でできる　中学校国語授業アップデート』『中学校　国語の授業がもっとうまくなる50の技』（以上，明治図書），『中学校国語　思考モデル×観点で論理的に読む文学教材の単元デザイン』『中学校国語　問題解決学習を実現する「見方・考え方」スイッチ発問』『問題解決型国語学習を成功させる「見方・考え方」スイッチ発問』『小学校国語「見方・考え方」が働く授業デザイン』（以上，東洋館出版社）他多数。

「言葉による見方・考え方」とは何か

2024年7月初版第1刷刊　ⓒ著　者　小　林　康　宏
発行者　藤　原　光　政
発行所　明治図書出版株式会社
http://www.meijitosho.co.jp
（企画）矢口郁雄（校正）大内奈々子
〒114-0023　東京都北区滝野川7-46-1
振替00160-5-151318　電話03（5907）6701
ご注文窓口　電話03（5907）6668

＊検印省略　組版所　株式会社木元省美堂

Printed in Japan　ISBN978-4-18-374029-8